酒文化探源

從神話傳說到酒器藝術

歷史上酒與人、酒與武俠、

酒與愛情的

過常寶

淺談古代酒文化，酒的起源、製作、器具、風味等

酒反映了人們的生活、思想、情感等最眞實的面貌

‧‧‧‧‧‧‧‧‧‧‧‧‧‧‧‧‧‧‧‧‧‧

藉由生動文字，豐富且完整的內容，引用多元觀點，

徹底剖析酒的文化

目錄

目錄

參考書目

第一章 上窮碧落下黃泉

—— 酒文化探源

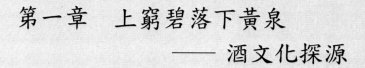

第一節　造酒傳說

　　任何事物的發源，探討起來都相當複雜，酒當然也不例外。酒是個神奇的東西，由於古人缺乏相關的科學知識，不能合理解釋酒的發源，但他們憑藉豐富的想像力，編造了許多關於酒起源的美麗傳說。

天生酒星

　　「天若不愛酒，酒星不在天」，這是詩仙李白的名句，可見在唐代人們就認為酒與酒星有關。其實，將酒星與酒連繫並不是李白的原創，孔融在〈與曹丞相論酒禁書〉中就提到了「天垂酒星之耀」的話。可見，很早的時候人們就將酒和酒星連繫在一起了。

　　宋代的竇蘋有一本《酒譜》，該書成書於宋仁宗天聖二年（西元一〇二四年），是一部研究中國酒文化很有價值的典籍。這部書中提到酒是「酒星之作也」。古人將酒的發明權歸於酒星，認為酒是天生之物，也足見他們對酒的重視。

　　託名為周公所著的《周禮》中已經提到了酒旗星，也就是酒星，但具體位置不詳。真正明確指明酒星位置的是《晉書・天文志》：「軒轅右角南三星曰酒旗，酒官之旗也，主宴饗飲食。」軒轅本來是中華民族的始祖黃帝的名字，後來演變成了星星的名

字,軒轅星,共有十七顆,酒星在軒轅星的東南方向。古人認為酒星造酒,只是一個美麗的神話而已,自然沒有事實依據。後來,人們還用酒星代指善於喝酒的人,如唐代裴說在〈懷素臺歌〉中說:「杜甫李白與懷素,文星酒星草書星。」

神農酒器

託名神農氏的《神農本草》中有關於酒的記載,這說明早在上古的神農時代,酒就產生了。胡適將一種人物稱為「箭垛式人物」,人們將歷史上發生在其他人身上的事都歸結到這一個人身上,神農氏就是這樣一個「箭垛式人物」:傳說中的神農氏教人種植五穀、製作陶器、製作衣服,他還嘗百草,治百病。當然,這些事情未必真是神農氏首創的,只是古人將這些發明權都歸到了他身上。

神農氏所處的時代是新石器時期,距今大約五六千年,當時是農耕時代。農耕時代發展到了一定程度,糧食就可能出現剩餘。酒在這個時期產生是有可能的,而且這確實也被考古發現所證明。一九五七年在河南陝縣廟底溝出土了很多陶製酒碗,考古學家認為,這些酒器距今約有五千二百多年。這就可以充分證明,在傳說中的神農氏所處的農耕時代,酒就已經產生了。

儀狄酒醪

　　儀狄造酒，最早見於先秦史官所著的《世本》一書，可惜此書現在已經散佚了，殘存至今的零星部分保留在清代人的輯佚書中。《世本》中這樣說：「儀狄始作酒醪，變五味；少康作秫酒。」儀狄是傳說中大禹時候的人。醪是一種糯米經過發酵而成的東西，相當於現在食用的醪糟。醪的顏色潔白，黏稠狀的糟糊可以食用，糟糊上面的清亮液體接近於酒。少康是夏朝的第五代君主，秫指的是高粱，也就是說少康用高粱造出了酒。《世本》的記載有些混亂，我們只能大致這樣理解：儀狄最先造出了酒，後來少康改進了造酒技術，可以用高粱釀出酒。

　　《呂氏春秋》、《戰國策》、《說文解字》都記載了儀狄造酒。

　　記載最詳細的是《戰國策》，《戰國策・魏策》中是這樣說的：

　　昔者，帝女令儀狄作酒而美，進之禹，禹飲而甘之，曰：「後世必有以酒亡其國者。」

　　「帝女令儀狄作酒而美」這句話有兩種不同的斷句方式，一為「帝女令儀狄，作酒而美」，這樣儀狄就可能是位女性，她是大禹手下的官員；二為「帝女，令儀狄作酒而美」，這樣的話，儀狄造酒就是出於「帝女」的命令了。我們認為，第一種解釋較為可靠。

　　《戰國策・魏策》中的話大意是這樣的：舜帝之女讓儀狄去

釀酒，儀狄經過一番努力後，釀出了味道很美的酒，大禹品嘗後覺得確實很好喝，但又擔心後代有人會抵制不住酒的誘惑而亡國。儀狄造出了酒，但大禹並沒有獎勵儀狄，相反卻疏遠了她，因為大禹認為後世可能有人因酒而亡國。大禹是歷史上第一個將酒與亡國連繫起來的人，他非常有遠見地預測了後世可能發生的酒禍。

儀狄造酒的傳說並不是很可靠，因為許多典籍中都有關於黃帝、堯、舜酒量很大的記載，黃帝、堯、舜都是早於大禹的人，這說明酒在儀狄之前就有了；而且據考古發現，中國釀酒的歷史實際上遠早於傳說中的黃帝時代。

釀酒需要很複雜的工藝，不是某個人能夠單獨完成的，儀狄很可能是中國古代釀酒經驗的總結者，她改善了釀酒的方法，所以酒的發明權就歸到了儀狄的頭上。

杜康秫酒

民間將酒的發明權歸到杜康頭上，還尊他為「酒神」，這恐怕是得益於曹操「何以解憂，唯有杜康」的千古名句 —— 曹操的詩為杜康做了強有力的廣告宣傳。民間還有「杜康造酒劉伶醉，一醉醉了整三年」的傳說。總之，杜康在中國酒史上的名氣很響。

杜康是什麼樣的人，典籍的記載多有矛盾之處。《說文解字》認為，杜康就是夏朝的君主少康。宋代的竇蘋不同意這種說

法，經過詳細的考證，他認為杜這個姓是春秋時代才產生的，如果真有杜康其人的話，他一定是春秋時期的人。這樣問題又來了，春秋之前的堯、舜等人酒量都很大，這些人都在杜康之前，這就說明杜康不是酒的發明者。

還有的資料認為杜康是漢朝人，曾任過酒泉太守，那他就只能是漢武帝朝或以後的人了。歷史記載的矛盾之處，更增加了籠罩在杜康身上的神祕面紗，讓我們很難看清他的真面目。

還有人認為杜康是東周時期的人，家在今天的陝西渭南白水，杜康造酒遺址在汝陽縣蔡店鄉的杜康村。這些恐怕都是後人根據傳說附會出來的東西，其真實性是值得懷疑的。

《說文解字》：「古者少康初作箕帚、秫酒。」這裡認為杜康是秫酒的發明者，這倒有一定的合理性。秫，就是高粱，是中國比較後期發展的一種農作物，它晚於稻、黍、粟等作物。杜康很可能是一位較早用高粱釀酒的人。據傳說，他不僅用高粱釀酒，還用高粱稭造出了簸箕、掃帚等工具。因此，如果傳說是真，杜康很可能是中國高粱酒的祖師爺。

青田注水

崔豹，字正熊，一字正能，晉惠帝時官至太傅，他的《古今注》中記載了另一種造酒的傳說。在烏孫國有一種叫做青田的核，這種叫做青田的核有種神奇的作用，只要將核浸入水中，

就會有美酒出來。這種核大小不等，大的像葫蘆瓢那麼大，在核裡面裝上水後，不久水就會變成酒。那時候中原人看到的青田只有核，並不知道其果實原來的形狀。因為，烏孫國是東漢時由遊牧民族烏孫在西域建立的行國，位於巴爾喀什湖東南、伊犁河流域，中原距離烏孫很遙遠，中原人不了解烏孫的情況也很正常。用青田核造的酒，喝乾後再向核裡面加水，又會成為酒。但這種酒有一個缺點，必須隨盛隨喝，存放的時間久了，酒就變成苦的了。

　　這大概是中原人對烏孫異域的美好想像，這種神奇的核現在是不存在的。

酒蟲化酒

　　有很多人好酒成癮，古時的人們認為這是「酒蟲」作怪。關於酒蟲的故事有很多，宋代洪邁的《夷堅志》、清代蒲松齡的《聊齋志異》都有介紹，最為詳細、生動的是蒲松齡的《聊齋志異》。

　　長山有位姓劉的人，身體肥胖卻很喜歡喝酒，每次一個人都要喝掉一大罈酒。這個人家境不錯，有三百多畝良田，他將一半的地都種了用於釀酒的黍。因為他很富有，所以從來不擔心沒錢喝酒。一次他遇到一個番僧，番僧說他得了一種很奇怪的病。劉某不承認自己有病，番僧問他是否喝酒從來喝不醉，

劉某說是，番僧說之所以會這樣是因為肚子裡有酒蟲。劉某感到很驚訝，請番僧為他治療。番僧一口應承下來。

番僧的治療方法很獨特，什麼藥都不需求，只是將劉某的手腳綁住，讓他中午俯身躺下，並在離劉某頭部半尺左右的地方放一罈美酒。酒香不斷飄入鼻中，不一會兒劉某的酒癮就上來了，但困於被繩索縛住，酒在身邊就是喝不到。挨了一陣子，劉某突然覺得自己喉嚨奇癢難耐，接著哇的一聲就吐出了一個東西。這個東西吐出後並沒落地，而是直直地落進了酒罈中。

劉某解開繩子後就去看酒裡的東西，結果發現一條怪蟲：那蟲大概有兩寸長，滿身紅肉，眼睛、嘴巴都具備，像魚一樣地在酒罈中游來游去。

治療已畢，劉某就要給番僧診金。哪知番僧不要錢，卻只要他吐出的那條蟲子。劉某不知番僧的用意，就追問原因。番僧解釋道：「這蟲是酒的精華，將罈子裡盛滿水，把此蟲放進去攪動一下，水就會變成美酒。」劉某讓和尚試了一下，果然像和尚說的那樣。

自從吐出酒蟲之後，劉某見到酒就像見到仇人，一滴都碰不得了。

這個酒蟲故事的產生，實際上是由於古人醫學知識不發達，不知道如何解釋人嗜酒的原因，就編造出了這樣的故事。

猿猴果酒

猿猴造酒的傳說，古代典籍中多有記載，記載最詳細當屬明代李日華的《紫桃軒雜綴》和清末民初徐珂編定的《清稗類鈔》。《紫桃軒雜綴》記載：

> 黃山多猿猴，春夏采雜花果於窪中，醞釀成酒，香氣溢發，聞數百步。野樵深入者或得偷飲之，不可多，多即減酒痕，覺之，眾猱伺得人，必嫩死之。

黃山中的猿猴不但可以採集雜花果造酒，而且這種果酒品質很好，酒香甚至飄出數百步遠，比之人類造出的名酒也有過之而無不及。入山採樵的樵夫可以悄悄地偷喝一些，但不能多喝，如果猿猴發現酒少了，就會向偷喝的人報復 —— 殺掉他。

徐珂的《清稗類鈔・粵西偶記》中也有類似的記載：

> 粵西平樂等府，山中多猿，善采百花釀酒，樵子入山，得其巢穴者，其酒多至數石，飲之，香美異常，名曰猿酒。

粵西平樂等府，位於今天的廣西壯族自治區東部地區，古時候這是比較偏僻的地方。這裡的猿猴也會採百花釀酒，而且釀的酒多至數石。不僅量大而且質優，喝來香美異常。讀到此處，使人不覺酒蟲蠕動。

猿猴造酒，看似荒唐，其實是合乎科學道理的。蘋果放的時間長腐爛了，就會散發出酒味。因為水果腐爛後會產生酒

精，這是一種再正常不過的現象。猿猴拾到自然發酵的野果後，將它們儲存起來，時間久了自然也就成了酒。況且，猿猴是靈長類動物，智力發達，能夠從採食中學得這種天然的釀酒技術也不是不可能的。

關於造酒的傳說和實例舉不勝舉，說法各異。但有一點我們是可以確定的，那就是最初的酒不是人們有意研製出的，而是無意中發現的。

剩飯放久了，在適當的條件下就會產生酵母菌。食物被酵母菌發酵到一定程度，就會產生酒精。這種現象被人類無意間發現，後來逐漸地掌握了酒產生的規律，造出了酒。晉朝人江統的〈酒誥〉用簡練的語句揭示過這一道理。

有飯不盡，委餘空桑；鬱積成味，久蓄氣芳；本出於此，不由奇方。

江統的意思是說，將剩飯扔進桑樹洞裡，時間久了就會產生芬芳的氣味，這就是酒產生的原理 —— 可見，酒不是什麼神靈賜予的禮物。

南宋周密的《癸辛雜識》記載過一個梨子自然發酵成酒的故事，裡面的原理與江統著作中提到的如出一轍，只是故事更為生動：

周密的朋友仲賓家有一個大梨園，一株樹可以收穫兩車梨。有一年，梨子大豐收，賣又賣不出去，只好拿去餵豬。仲

賓覺得用梨子餵豬有點暴殄天物，就精心挑出了許多梨放進了一個大缸裡，蓋上蓋子，用泥封上了口，將裝滿梨子的缸找地方藏了起來，以備不時之需。哪料過了不到半年，仲賓就將這件事情忘記了。

一天，他在園子中散步的時候，聞到酒氣熏人。他懷疑守園子的人在偷偷釀酒，就向他們討酒喝，守園子的人堅決不承認。大家都覺得很奇怪，就一起去尋找酒氣的來源，原來是從藏梨子的缸中傳出來的。人們開缸一看，發現裡面的梨早就變成了美酒。

眾人取來痛飲，結果都醉倒了。

元代的大詩人元好問在〈蒲桃酒賦〉序言中也提到了一個類似的故事：

貞祐中，鄰里一民家避寇，自山中歸，見竹器所貯蒲桃在空盤上者，枝蒂已乾，而汁流盎中，薰然有酒氣。飲之，良酒也。蓋久而腐敗，自然成酒耳。不傳之祕，一朝而發之。

葡萄放的時間久了，自然發酵，就變成了酒，這是符合自然規律的。「不傳之祕，一朝而發之」，元好問認為這就是釀造葡萄酒的「不傳之祕」。

酒的產生原理就這樣被人類無意中掌握了。後來的人們在釀酒和飲酒過程中累積經驗，改進釀酒技術，終於創造出了種類繁多的佳釀。

第二節　悠悠酒史

　　中國是歷史悠久的文明古國，釀酒的歷史同樣也很久遠。大量的考古資料表明，酒的出現可以追溯到新石器時代中期以前：大汶口遺址出土了高柄陶製酒杯，仰韶遺址發掘出了尖底瓶、細頸壺等酒具……這些都是最有力的證明。

　　夏代的釀酒技術有了很大的發展，傳說中酒的發明者儀狄就是夏朝人。二里頭遺址的殉葬陶器中，數量最多的是酒器，其次才是飲食器，這足以說明酒在夏代人生活中的地位。

　　商代的釀酒業非常發達，商代中後期揭開了中國歷史上的第一個飲酒高潮期。考古發掘出的許多與酒有關的青銅器充分說明了這一點。河南羅山天湖息族墓葬在時代上被劃入商朝晚期，墓葬出土了一個密封良好的青銅卣，裡面裝的是酒，這是一個令人感到十分驚奇的考古發現。經專家鑒定，每百毫升內含八點二三九毫克的甲酸乙酯，香氣四溢。此外，河北藁城臺西村的商代遺址中，還發現了釀酒作坊及大量的酒器。

　　其實早在殷商時期，先民就知道了用麴釀酒的方法，這就使得大規模釀酒成為可能。酒麴是一種含有大量微生物的神奇發酵物。酒麴也是自然產生的，發芽、發霉的糧食是最天然的酒麴。將酒麴浸泡到水中，就能發酵成酒。人們經過向自然無數次的學習，明白了酒麴產生的規律，經過無數次的試驗，終於造出

了人工酒麴，這是中華民族對人類的又一重大貢獻。《尚書》在追述殷商佚事時說：「若作酒醴，爾唯麴糵。」麴糵（ㄋㄧㄝˋ），就是酒麴。

西周時期，中國的釀酒藝術又向前跨進了一大步，製麴技術也有了很大的進步。人們已經發現了黃麴黴釀酒效果極佳，它不僅有極強的糖化能力，還可以讓麴變成黃色。周代的貴族很喜歡這種顏色，就用黃色制定了一種叫做「鞠衣」的禮服。

這時期，中國的釀酒工藝得到了系統的總結，主要可以概括為「五齊」與「六法」。

一日泛齊，二日醴齊，三日盎齊，四日醍齊，五日沉齊。

這就是《周禮・天官》中概括的「五齊」，也就是發酵的五個階段：「泛齊」指發酵開始了，穀物開始膨脹變大，有些穀物還漂浮到了水邊上；「醴齊」指糖化作用進行得很迅速，糧食散發出了甜味；「盎齊」指發酵進行到一個新的階段，氣泡冒出，發出了響聲；「醍齊」指酒精成分增多，顏色開始變深；「沉齊」指發酵過程結束，酒糟沉下來。中國先民將發酵過程分成這五個階段是十分科學的，這種分類方法在現代看來，仍然不過時。

秫稻必齊，麴糵必時，湛熾必潔，水泉必香，陶器必良，火齊必得。

這是《禮記・月令》中提到的釀酒必須注意的六點事項，可以稱之為「六法」。

這六點注意事項的大意是這樣的：一是講原料，造酒用的高粱、稻子等穀物必須是成熟的、飽滿的，俗話說「糧是酒之肉」，糧食的品質對酒的品質有關鍵性的影響；二是講製麴，製麴的時間必須是準確無誤的，早不得，也晚不得，否則就會影響酒的品質；三也是講原料，造酒的穀物必須清洗乾淨，不能殘留任何的泥土等雜質，穀物還必須經過充分的浸泡，這樣才有利於糖化；四是指水質，釀酒用的水必須清潔無汙染，用現在的話說，就是水質要呈微酸性，這樣有利於糖化和發酵，水的硬度也要適宜，這樣可以促進酵母菌的生長繁殖；五是講盛酒的器皿，必須是上等的器皿；六是講溫度，溫度要適宜，科學研究證明，以適合酵母菌活動的攝氏三十度左右最為適宜。

　　「六法」是中國釀酒經驗的科學總結，對現在的釀酒業仍有很強的指導意義。

　　戰國時期，楚國的飲酒之風很盛，許多的歷史典籍都有記載，這也被考古資料所證實。一九七四年，考古學家在河北平山縣的戰國墓葬中發掘出兩壺酒，據專家化驗，含有糖、脂肪、乙醇等三十多種成分，這兩壺酒距今有二千二百多年，是名副其實的古酒。

　　在中國古代，酒很早就成了商品，可以在市場上出售。酒成了商品之後，自然也就有了賣酒的鋪子，稱為酒肆。《韓非子》中記載了一個關於酒肆的故事。

宋人有酤酒者，升概甚平，遇客甚謹，為酒甚美，縣幟甚高，然而不售，酒酸。怪其故，問其所知閭長者楊倩，倩曰：「汝狗猛耶？」曰：「狗猛，則酒何故而不售？」曰：「人畏焉。或令孺子懷錢挈壺甕（ㄨㄥˋ）而往酤，而狗迓而齕之，此酒所以酸而不售也。」

　　這個故事的大意是這樣的：宋國有家賣酒的，酒的價格很公道，對顧客也很殷勤，酒的品質也很好，招攬顧客用的酒旗掛得也很高，可是酒就是賣不出去，酒都發酸了。店主不知道什麼緣故，就去請教一位他認識的名叫楊倩的老人。老人告訴他，酒賣不出去是因為他酒肆裡面養的狗太兇猛。大人讓小孩提壺來買酒，狗撲上去就咬，當然沒有人敢來他這裡買酒了。

　　從這個故事中我們可以得到許多訊息：首先，酒肆在春秋戰國時期已經普遍存在，而且肯定不止一家，否則這家酒店裡的酒也不會酸掉了；其次，當時賣酒的人已經明白了廣告的作用，懸掛酒旗來招徠顧客，這可以視為廣告的雛形；再次，當時的酒店規模不大，只賣酒而不提供飲酒的地方，買酒的人必須買回家裡喝。

　　秦孝公時期的商鞅變法是歷史上的大事件，它對酒的製造也有重要的影響。當時秦國實行重農抑商的政策，酒價十倍於成本價，這可稱得上是最早的天價酒。

　　秦漢時期的釀酒業較之前有了進一步的發展。秦代曾經禁

止用多餘的糧食釀酒，禁止賣酒獲利。

到了漢代，國家對酒的管理更加具體規範。漢代始元六年（西元前八一年），每升酒四錢，這是中國歷史上關於酒價的最早記載。西元前九八年，漢武帝採納桑弘羊的建議，實行酒類專賣制度，這一制度共實行了十七年。武帝時通西域，民族之間的交流空前增強，長安出現了很多西域人開設的酒店。

魏晉南北朝是中國釀酒業大發展的時期。這時期不僅釀酒工藝大為改進，酒的品種也越來越多，酒的度數更是大為提升，還出現了用於治病的藥酒。在晉代，人們在酒麴中加入了草藥，用這種酒麴造出來的酒別具風味。

當時賈思勰著成的農書《齊民要術》中，就記載了九種製麴的方法與三十九種酒的釀造方法，這些方法對今天的釀酒業仍然很有指導價值。

尤其值得一提的是，由於此時代表時代精神的「魏晉風流」與酒有著不解之緣，因此，這時期還出現了中國歷史上第一批酒中名人 —— 如阮籍、劉伶、陶淵明就是其中的代表人物。

唐宋的釀酒業在前代的基礎上有了進一步的發展，製麴技術、釀造技術都有了極大的進步。北宋哲宗時期的朱肱寫出了中國酒史上的傑作《北山酒經》，這是中國完整論述酒文化的力作。

理論的總結必須以實踐為基礎，唐宋時期的釀酒技術是十

分發達的，很重要的一個體現就是葡萄酒的出現。

漢代張騫通西域之後，中原地區才有了良種葡萄。從漢到唐，中原大地雖然有了葡萄，但葡萄並沒有得到推廣。葡萄一直都是只有貴族才可以享用的珍品，這種現象一直持續到唐朝初年。後來在唐太宗征服了高昌（今天的新疆吐魯番）之後，得到了優良的葡萄種子，葡萄酒的釀造才興旺起來。

隨著葡萄酒的風行，它更是成為詩人吟詠的對象，詩人王翰的「葡萄美酒夜光杯，欲飲琵琶馬上催」就是詠葡萄酒最有名的佳句。

唐代京城長安、東都洛陽是最繁華的兩大城市。這兩個城市中酒鋪林立，成了文人雅士聚會的好地方。李白、杜甫、白居易等人都曾在這裡留下了膾炙人口的詠酒名句。從這個意義上我們可以說，唐代不僅是詩的時代，也是酒的時代。

最初人們喝的酒，是連汁液帶渣滓一起吃掉的。後來的酒儘管去掉了渣，但也都屬於甜酒的範圍，度數很低。古人所說的飲酒一斗或五斗，看似驚炫，其實也並非什麼了不起的事情。

現在高濃度的白酒都是用蒸餾法釀製而成的。由於酒精的沸點比水低，氣化比水快，在蒸餾酒醪時，只要掌握好適宜的溫度和時間，就可以得到高濃度的酒，也就是今天所說的白酒。

蒸餾酒起源於何時，研究者們意見不同。著名科技史家李約瑟認為發源於南北朝時期，而另有學者則認為發源於唐宋。

這一點儘管我們還不能確定，但有一點是確切無疑的 —— 宋代已經有了蒸餾酒。這的確堪稱是釀酒史上劃時代的大事，也是宋代釀酒業發達的重要指標。

一九七五年，河北省青龍縣出土了一套蒸餾酒用的器皿，學者們認為這套器皿的時代不晚於宋高宗紹興三十一年。這是宋代出現蒸餾酒的最可靠的實物資料。

此外，我們還可以從宋代的文獻中得到相關的旁證。比如，北宋詩人蘇舜欽留下了「時有飄梅應得句，苦無蒸酒可沾巾」的詩句，這裡的「蒸酒」就是現在的白酒。宋代的醫學家宋慈在《洗冤錄》中還記載了用「燒酒」解蛇毒的方法，這裡的「燒酒」顯然是酒精濃度高的蒸餾酒，度數不高不可能具有消毒的作用。

明清時期是中國酒文化的總結時期，無論是製麴技術還是釀酒技術都大大超越了前代。明清時期，中華大地出現了南酒與北酒兩大體系。南酒主要是指江浙一帶的酒，以紹興的黃酒最為有名；北酒以京、晉、冀、魯、豫等地的酒最有名，北酒雖然也有米酒，但以度數高的燒酒最為著名。

不僅如此，隨著商業的發展，明清時期的酒肆在前代的基礎上也大為發展，還出現了許多高級酒樓，著名的有會仙樓、泰和樓等。在明清兩代，酒肆不再是簡單的飲酒場所，而成了人們社交的重要場所，這已經與今天的酒店很像了。

第三節　美酒美器

　　上古三代有精美絕倫的青銅酒爵，唐代有盛「琥珀光」的玉碗和盛「葡萄美酒」的「夜光杯」，《水滸傳》中的宋江在潯陽酒樓上曾感嘆「美食美器」……這說明，喝酒喝的不僅是酒本身，盛酒的器皿也很重要。有美酒，還必須有美器相配，這樣酒才可以喝出獨到的風味。酒器按照不同的製作材料可以分成陶製酒器、青銅酒器、瓷製酒器、漆製酒器、其他材料酒器等，這些不同材料製成的精美酒器是酒文化，也是民族文化的重要組成部分，是古人智慧的結晶。

陶製酒器

　　陶器是利用可塑性強的陶土塑造、經高溫焙燒而成的器皿，陶器中也不乏酒器。一九八三年，陝西省眉縣楊家村出土了五只小酒杯、一隻陶葫蘆、四只高腳杯共計十件陶製酒器。經專家考證，這些酒器距今有五千八百年到六千年的歷史。陶製酒器因其造價相對低廉、易於製造等優點一直為古人所垂青。

　　即使是到了商周時期，青銅酒器大量使用，但那也更多是作為禮器，人們更多時候還是使用陶製酒器。一直到了漢代，陶製酒器都還在王公貴族間廣泛使用。河北滿城的中山王漢墓中就出土了十六個大陶尊。尋常人家就更不必說了。

陶器可以分為紅陶、白陶、黑陶、彩陶等多種，這些品類繁多的陶器也多見於酒器。出土的陶製酒器種類十分繁多，有壺、鉢、尊、瓶、杯、碗等。隨著審美意識的覺醒和提高，人們不僅開始看重陶器的使用價值，還注重其審美價值，出現了許多造型和裝飾都很優美的器皿，如鳥形陶壺、人形陶瓶、鷹形陶尊等。不僅如此，許多陶製酒器上還繪有彩色的花紋，有的酒器上還有精美的圖案。

這些做工精美的酒器不只是酒史上的精品，同時還是藝術史上的傑作。

青銅酒器

中國冶煉的歷史很悠久，至遲在原始社會後期就已經開始了。真正的興旺時期是「青銅時代」，也就是夏商周三代，尤其是商周兩代。商周兩代青銅器的鑄造盛極一時，出土的文物數不勝數，其中更有後母戊大方鼎、四羊方尊等曠世傑作。

商周時期的青銅酒器種類繁多，按用途可以分為造酒器、儲酒器、溫酒器、斟酒器、飲酒器等；有名可稱的青銅酒器更是數不勝數，光古書上記載的就有尊、斗、爵、卮、角、彝、卣、罍、觥等多種。這些酒器優美異常，還出現了許多模仿動物形狀製成的酒器，如牛、羊、豬、虎、象都是青銅酒器上的常見形象。這些動物被塑造得栩栩如生，讓今人嘆為觀止。

值得一提的是，由於商周兩代文化差異較大：商人重巫鬼祭祀，周人重人事禮制。所以從考古發現來看，商代出土的青銅酒器所占出土青銅器的比例遠高於周代。這與周人立國之後，吸取商朝亡國教訓，節制飲酒，開國伊始就頒布〈酒誥〉有直接關係。這也恰恰說明，酒在周人心目中，已經受到特別的重視了。

　　做工精美的青銅酒器在周代之後就逐漸淡出了人的視線，只有在祭祀的時候才可以看見它們的身影，尋常酒席上使用更多是其他廉價材質的酒器。

　　青銅酒器走下餐桌有著複雜的原因：首先，青銅酒器的製作成本比較高，後世的青銅主要用作製造貨幣的原料；其次，青銅酒器不僅是一種喝酒的器皿，更是一種禮器。春秋戰國時期，禮崩樂壞，後世禮制更是變更劇烈，禮節上用的青銅酒器自然也就派不上用場了；再次，從化學方面說，銅能與二氧化碳、水蒸氣發生化學反應，產生有毒的銅綠，這是青銅酒器最為致命的缺點。經常用青銅酒器喝酒，很容易導致銅中毒。而且，鐵器時代更重實用，青銅器所代表的祭禮文化更多只用於特殊的場合。基於以上原因，青銅酒器退出歷史舞臺也是必然的。

瓷製酒器

　　瓷器、絲綢、茶葉是中國古代最主要的出口商品，外國人最早就是透過這三樣物品了解中國的。瓷器的影響更大，英文

China 就是來源於瓷器 china。現在故宮博物院珍藏了無數的歷朝歷代瓷器珍品，每天都在迎接著來自五湖四海的遊客，向他們展示著中華文化的博大精深。

一九六五年，考古學家發現了一件商代中期的青瓷尊，這是距今最早的瓷器。

魏晉至隋唐時期的瓷製酒器主要包括雞首壺、杯、尊幾類。一九七二年，南京麒麟門外的梁代大墓中出土了一件大型盛酒器皿 —— 青瓷蓮花尊。這是南北朝時期最為精美的瓷器珍品。

唐朝中期出現了一種盛酒與斟酒的新器具 —— 酒注子。酒注子由前代的雞首壺發展而來。雞首壺上的雞頭原來是裝飾用的，沒有實際用處。後來製作瓷器的工匠們發揮自己的聰明才智將雞頭變成中間有孔的壺嘴，這樣酒液就可以透過壺嘴倒進酒杯裡了。酒注子酷似今天的酒壺，可以看作是酒壺的前身。

宋代是瓷製酒器空前發展的時期，宋代出現了官窯、汝窯、哥窯、定窯、鈞窯五大名窯。宋代的瓷器藝術品質極高，人們用「青如天，明如鏡，薄如紙，聲如磬」的極高評語來譽之。宋代還發明了一種可以讓酒保溫的瓷製酒注子，原理和今天的保溫壺有點相像。明清時期，製瓷工藝有了進一步的提高，瓷製酒器日臻完美，達到了登峰造極的藝術境界。「瓷都」景德鎮生產的瓷製酒器更是精品中的精品。

漆製酒器

《韓非子·十過》中說舜、禹時期就產生了漆器，這種記載是合理的，並且被考古發現所證實。距今約七千年的河姆渡遺址中就出土了木胎漆碗；距今約五千年的良渚文化中甚至有了鑲嵌著玉的漆杯。

漆器產生的年代雖早，但其輝煌的時代是在漢代。漆製酒器種類很多，有杯、斗、尊、卮、壺等。

漆器的輝煌較為短暫，漆製酒器在南北朝時期就不常用了，原因主要是漆器的製作工藝複雜，因而價格不菲，不是一般的人能夠消費的。隨著更便宜、更實惠的瓷器的出現，就導致了漆器的淡出。

除了陶、青銅、瓷、漆等材料外，金銀、玉石、象牙等貴重材料也被用來製作酒器。當然，這種酒器非一般人能夠享受得起。

金銀酒器產生於東周，鼎盛於唐代。唐代皇宮內還出現了專門製作金銀酒器的機構——宣徽院。最早的玉製酒器出現於漢代，有卮、杯、盞、爵等多種。

玉製酒器最有代表性的要數明定陵出土的金托玉爵。該玉爵充分體現了皇家的氣派。

象牙材質名貴、潔白如玉，也是製作酒器的上好材料。

一九七六年安陽殷墟婦好墓中出土的象牙觥杯是聞名中外的象牙酒器。

其他材料酒器

　　除了這些材料製作的酒器外，中國歷史上還有很多不太高雅的酒器，它們並不能代表悠久的酒文化，卻也是酒文化中的另類現象。

　　西漢的時候，匈奴單于曾把大月氏國王的頭顱做成酒器，從此大月氏與匈奴結下了不共戴天之仇。用人的頭顱做酒器，是令人髮指的行為，可惜歷史上的這種暴行並不是只發生了一次。《資治通鑑》記載：「趙襄子漆智伯之頭以為酒器。」趙襄子聯合韓、魏兩家滅掉了智伯，趙襄子還把智伯的頭顱製成了酒器，這是一件現在想起來還令人不寒而慄的事情。這種用人頭顱骨製作酒器的行為，中外都有。

　　宋元時期還有人喜歡用妓女的鞋子載酒杯行酒，稱之為「鞋杯」、「金蓮杯」，這反映了古人對女人三寸金蓮的珍愛，是一種變態的審美情趣。

第四節　酒香四溢

中華民族是個好酒的民族，每年喝乾一個西湖這種說法當然有些誇張，但也充分說明了酒在日常生活中的地位。中國的名酒很多，古代的名酒更是令人神往。

蘭陵美酒

蘭陵酒的釀造歷史十分悠久，最早可以追溯到商代。甲骨文卜辭中關於「鬯其酒」的記載，就是對蘭陵美酒最早的描述。

戰國時期的儒家大師荀子曾兩度擔任蘭陵令，從此蘭陵酒身上又蘊含了深厚的歷史文化內涵。

一九九五年秋，江蘇徐州獅子山西漢楚王墓出土了一些圓形陶製酒罈，泥封上有「蘭陵貢酒」、「蘭陵丞印」、「蘭陵之印」的戳記。泥封打開後，酒香四溢，令現場的考古學家讚嘆不已。據專家鑒定，這些有著二千一百四十八年歷史的蘭陵酒與今天的蘭陵酒同為一宗。這項考古發現，印證了蘭陵酒的悠久歷史。

北魏時期著名農學家賈思勰對蘭陵美酒的生產工藝進行了科學總結，並將其寫入了農學經典《齊民要術》中。

蘭陵酒的名聲是與另一位大人物李白分不開的，他是蘭陵美酒最有名的代言人，他的千古名句也成了蘭陵酒最好的廣告詞。

蘭陵美酒鬱金香，玉碗盛來琥珀光。但使主人能醉客，不知何處是他鄉。

　　李白這首名為〈客中行〉的絕句，據學者考證寫於開元二十八年。「蘭陵美酒鬱金香，玉碗盛來琥珀光」，這兩句概括出了蘭陵酒色香味俱全的特點。蘭陵酒散發出花一般的香氣，盛在玉碗裡看起來猶如琥珀般晶瑩剔透，真讓人垂涎三尺。李白詩歌的後兩句說，只要主人能和我一起開懷暢飲、不醉不休，我又管它這裡是家鄉還是異鄉呢！沉醉於蘭陵酒中的詩人居然忘卻了思鄉之情，蘭陵酒的魅力可見一斑。

　　在唐代，蘭陵酒已經成了宮廷御用酒，據說天生麗質的楊貴妃對蘭陵酒情有獨鍾。也許「貴妃醉酒」醉的就是蘭陵酒吧！唐代的蘭陵酒還經由京杭大運河遠銷南京、杭州等地，成為風靡全國的名酒。

　　北宋著名書畫家米芾飲過蘭陵酒後，揮毫潑墨寫下了「陽羨春茶瑤草碧，蘭陵美酒鬱金香」的詩句。這幅作品至今還完好地保存在湖北襄樊的米公祠內。從米芾的詩句我們知道，蘭陵美酒與陽羨春茶是宋代的兩大齊名佳品。

　　蘭陵美酒，清香遠達，色復金黃，飲之至醉，不頭痛，不口乾，不作瀉。共水秤之重於他水，鄰邑所造俱不然，皆水土之美也，常飲入藥俱良。

　　這是明代醫學家李時珍在他的《本草綱目》中給予蘭陵酒的

高度評價。在李時珍看來，蘭陵美酒色香味俱全，喝了之後不頭痛、不口乾、不拉肚子，對身體沒有任何的副作用。李時珍還認為，蘭陵美酒之所以會有這些優點，與當地的優良水質是分不開的。除了日常飲用之外，蘭陵酒還是入藥的佳品。

清代詩壇盟主王士禎在一首名為〈寄任同年〉的詩中寫道：「陽羨六班茶，蘭陵十千酒。古來佳麗區，遙當五湖口。」王士禎不僅讚美了蘭陵酒，還稱讚蘭陵酒的產地是「佳麗區」。

新豐美酒

新豐在今天的西安臨潼區，新豐的名字與漢高祖劉邦是分不開的。

劉邦稱帝後將父親接到了長安，尊稱他為太上皇。太上皇身在長安卻心念故鄉，劉邦便命巧匠胡寬依照家鄉豐邑的樣子建造了新豐城，意為新遷來的豐邑。新豐建成後，太上皇還想念家鄉的美酒，劉邦便將家鄉的釀酒工人也遷了過來，從此新豐美酒享譽天下。

南朝梁元帝留下了「試酌新豐酒，遙勸陽臺人」的詩句。陽臺代指仙境，梁元帝的意思是喝過新豐酒的人就好像進入了仙境，由此我們可以想像新豐酒美味到什麼程度。

「斗酒詩百篇」的李白對新豐酒也是喜愛有加，他在〈效古二首〉其一中說：「清歌弦古曲，美酒沽新豐。」將新豐酒與古代

的音樂相提並論，可見喜愛之深。

他還在一首名為〈楊叛兒〉的詩中寫道：「君歌楊叛兒，妾勸新豐酒。」用詩歌為新豐酒打廣告的不只李白一人，唐代的另一位大詩人王維也寫過一首膾炙人口的關於新豐酒的詩：

新豐美酒斗十千，咸陽遊俠多少年。相逢意氣為君飲，繫馬高樓垂柳邊。

這首詩名為〈少年行〉，是一首詠俠詩。它描寫了少年俠客的日常生活，歌頌了他們的友情與豪爽氣概。新豐酒是名酒，自然價格不菲，一斗酒要十千錢。少年俠客相視一笑，莫逆於心，痛飲新豐美酒，結下了生死不渝的友情。新豐酒襯托出了遊俠的豪情氣概，而遊俠讓新豐酒的名字更加響亮。

唐代詩人儲光羲在〈新豐主人〉詩中寫道：「滿酌香含北砌花，盈尊色泛南軒竹。」從詩歌中我們可以看出，新豐酒的香味如同馨香的花朵，色澤如同青翠的竹子，看一眼人都會醉了，更何況大碗地痛飲呢！

新豐酒直到清代仍是名酒，是人們宴飲的上選佳品。

汾酒甘露

汾酒最早發源於何時已經不可知，但早在一千四百多年前就有了「汾清」這個酒名。據《北齊書》記載，北齊武成帝高湛在寫給臣子的信中說：「吾飲汾清二杯，勸汝於鄴酌兩杯。」皇

帝覺著酒美，還要推薦給自己的臣子，可見美酒之美名不虛傳。

宋代《北山酒經》記載：「唐時汾州產干釀酒。」《酒名記》記載：「宋代汾州甘露堂最有名。」這裡說的都是汾酒。

大詩人杜牧的〈清明〉一詩，為汾酒做了最好的廣告。

清明時節雨紛紛，路上行人欲斷魂。借問酒家何處有，牧童遙指杏花村。

杏花村產的酒就是汾酒，這首詩歌為汾酒製造了極大的廣告效應，成了汾酒最好的廣告詞。

李自成行軍經過杏花村，痛飲汾酒，留下了「盡善盡美」的評價。清代李汝珍的小說《鏡花緣》第九十六回列舉當時最知名的五十多種美酒，排在第一位的就是汾酒。民初徐珂編撰的《清稗類鈔》中記載了不少人嗜飲汾酒的故事。

紹興黃酒

紹興地區有酒的文字記載首推《呂氏春秋》與《左氏春秋》兩書，兩書記載的酒都與越王勾踐有關。《左氏春秋》中記載勾踐曾用酒來鼓勵生育：「生丈夫，二壺酒，一犬；生女子，二壺酒，一豚。」生男生女的獎勵雖然不同，但都少不了酒。《呂氏春秋》中還記載了勾踐用酒勞師的故事，勾踐在出師伐吳時，父老鄉親向他獻酒，他將酒倒在河流的上游，與將士們一同痛飲。在他的感召下，軍隊的士氣大振。

最早記載以紹興地名作為酒名的是蕭繹的《金縷子》，書中提到「銀甌一枚，貯山陰甜酒」。山陰就是指今天的紹興。

晉代嵇含所著的《南方草木狀》第一次提到了女酒，這裡的女酒就是花雕酒的前身。

唐代紹興酒大放異彩，詩仙李白、四明狂客賀知章都留下了關於紹興酒的優美詩篇。

宋高宗趙構將年號改為紹興，將越州升為紹興府，紹興酒才真正定名。

明清時期是紹興黃酒發展的高峰期，不僅品種繁多，而且品質上乘，紹興黃酒也就成了黃酒家族裡的佼佼者。當時紹興黃酒直接稱呼「紹興」，連「酒」這個字都不用加，這正是「越酒行天下」的真實寫照。

紹興黃酒中最有名的要數「花雕酒」了，它還有個名字叫「女兒紅」，這個名字背後還隱藏著一個有趣的故事呢！

相傳很久以前，紹興東關有位富翁非常喜歡孩子，可是他的夫人卻總是沒有身孕。富翁後來尋得一個偏方，用過之後，妻子果然懷孕了。他大喜過望，特地釀製了二十多壇黃酒以示慶賀。富翁的妻子生了個女兒，於是他在孩子滿月那天大宴賓客，親友們共醉了一場。酒席結束後，富翁見還有好幾罈酒沒有喝，於是就將酒埋在了花園中的桂樹下。

十八年後，富翁的女兒出嫁，在喜宴上賓客們開懷暢飲，

可是酒卻不夠了。正在為難的時候，富翁想起了十八年前埋在桂花樹下的酒，忙令人掘出來待客。酒罈打開後，酒香四溢，沁人心脾，賓客們爭先恐後地喝起來。席上的一位詩人讚嘆道：「地埋女兒紅，閨閣出仙童。」此後千百年間，紹興地區就形成了「生女必釀女兒酒，嫁女必飲女兒紅」的風俗。

後來，生男孩時，也釀酒、埋酒，盼望兒子中狀元時慶賀飲用，所以這酒又叫「狀元紅」。

紹興是偉大的文學家魯迅先生的故鄉，魯迅在其作品中數次提到過酒，最有名的要數〈孔乙己〉中的咸亨酒店了，一碗黃酒，一盤茴香豆，這就是孔乙己的美味。現在，喝黃酒，遊魯迅故里，已成為一種遊人熱衷的旅遊方式。紹興黃酒成就了魯迅的〈孔乙己〉，〈孔乙己〉也為紹興黃酒做了最好的廣告。

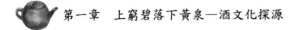

第二章　成事敗德皆由人
—— 酒之風俗

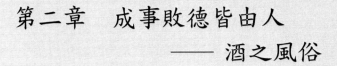

第一節 酒能成事

趙匡胤的「酒兵」

古人認為酒可以讓人消愁解憂，就像士兵在戰場上克敵制勝，所以稱呼酒為「酒兵」。據《南史・陳慶之傳》記載：「故江諮議有言，酒猶兵也。兵可千日而不用，不可一日而不備；酒可千日不飲，不可一飲而不醉。」「酒可千日不飲，不可一飲而不醉」，這句話的前半部分對愛酒如命的人來說是不可接受的，後半部分則會俘虜好多酒徒的心。將酒比喻成兵，這確實是奇思妙想，酒有時候還確實可以造成兵的作用。

大宋的開國君主太祖趙匡胤就是善用「酒兵」者。他經常以酒為工具，達到自己的政治目的。

熟知歷史的人都知道，後周大將趙匡胤是在陳橋兵變中被部將推上皇位，建立大宋朝的。殊不知，陳橋兵變就是趙匡胤自導自演的一齣好戲，而酒則是趙匡胤導演這場兵變的重要道具。

趙匡胤本來是周世宗柴榮手下統領禁軍的將領，掌握著後周的軍事大權。柴榮是一代雄主，可惜因病而過早地離開了人世。他七歲的兒子在眾人的扶持下登上皇位。

柴榮在世的時候，趙匡胤雖然對皇帝寶座垂涎三尺，但懾

於柴榮的威勢，他也只能將野心隱藏起來。柴榮死後，幼主即位。面對弱主強臣的政治局面，趙匡胤知道，他的機會來了。

　　一次，他領兵行至開封附近的陳橋驛時，天已經黑了。他就讓全軍就地紮營休息，自己一個人到中軍大帳中自飲自酌起來。喝到高興處，不覺沉沉大醉。他的弟弟趙匡義（趙匡胤即位後，為避諱改名為「趙光義」）、心腹趙普等人領著一大幫人衝入他的大帳，將一件黃袍披在他身上。沒等趙匡胤反應過來，一干人等就一起跪下來高呼萬歲。

　　趙匡胤在「夢中驚醒」，對部下的舉動佯作不解，更是裝出堅決不同意稱帝的樣子。但是抵不過手下將領的「苦苦哀求」，只好「勉為其難」地答應了。

　　隨後，趙匡胤領著大軍回到了開封，小皇帝只好乖乖地讓位。趙匡胤接受了後周幼主的「禪讓」之後，改國號為宋，當上了大宋的開國皇帝。

　　宋朝之前，皇帝服飾的顏色並不一定，多是根據本朝所應五行的顏色來定，比如秦為水德顏色上黑，漢為火德顏色上紅等。自陳橋兵變之後，黃袍從此成為皇帝的專有服飾，甚至黃色也成為皇家的專用顏色，臣民不得僭越。

　　其實趙匡胤並沒有喝醉，他的表演只是對世人做出酒後被迫無奈的假象，告訴世人自己並非欺凌幼主篡位奪權，而是「民心所向」，以免背上篡位的惡名 —— 這也是歷代篡位者慣用的

伎倆。酒，則在趙匡胤僭位的過程中發揮了重要作用。

醉酒稱帝，這是趙匡胤第一次「用酒」。

趙匡胤自己透過陳橋兵變用「黃袍加身」的方式做了皇帝，自然也怕手下的大將們將來也使出這一招。他認為防止手下將領篡逆的最關鍵措施是解除他們的軍權。於是，在大宋統一之後不久，一齣自導自演的「杯酒釋兵權」就隨之上演了。

這天，趙匡胤將手握兵權的將領石守信、王審琦等召到宮中，準備了盛大的酒宴款待兩位將軍。君臣開懷暢飲，喝得十分盡興。酒過三巡之後，趙匡胤突然開腔道：「我能有今天，多虧你們的鼎力相助啊，你們的功勞我是永遠不會忘掉的。不瞞各位，我最近總是寢食不安，實在是有苦難言啊！」

眾人不明白皇帝的意思，都問道：「現在天下太平，陛下還有什麼可擔心的呢？有什麼煩心之事不妨講出來，我們一定為陛下分憂。」趙匡胤說：「天下雖大，皇帝卻只有一個，誰不想過一下皇帝癮啊？」

眾人一聽，大驚失色，連忙叩頭道：「臣等忠心可鑑日月，絕對沒有什麼非分的念頭啊！」趙匡胤接著說：「你們自然不會有這種念頭，但你們的部下為了自己的功名富貴硬要你們當皇帝呢？就算你們想不答應，到時候恐怕也難了。」

眾人都是明白人，聽了皇帝的話馬上就明白了。他們當即表態：「還是陛下想得深遠，我們喝醉了，沒有想到這一層。懇

求陛下寬大為懷，給我們指一條活路。」趙匡胤一看自己的大臣一點就通，就高興地說：「愛卿們別害怕，光陰似箭，日月如梭，一輩子很快就過去了。你們何不交出兵權，多積田產金銀、歌兒舞女，美酒佳人相伴一生，這樣不是很好嗎？」大臣們連呼皇上聖明。

第二天早上，眾將都以年老體衰為由遞交了辭呈，皇帝自然是順水推舟地恩准了。趙匡胤從此就將兵權牢牢地掌握在了自己手中，終於也可以安枕而眠了。

趙匡胤不愧為「用酒」的高手，他用一頓酒宴就解除了手下將領的兵權。看來酒確實可以成事。在趙匡胤眼裡，酒的妙用還遠不止此。對他來說，酒還可以發揮聯絡感情、籠絡人心的作用。

趙普是趙匡胤的重臣，大宋的開國宰相，趙普在歷史上還留下了「半部《論語》治天下」的美談。趙匡胤剛當皇帝的時候，常常微服私訪，突然造訪大臣的家。趙普這樣的重臣回家後都不敢脫下官服，因為他不知道皇帝會什麼時候到來。

一個大雪紛飛的晚上，趙普估計皇帝不會出門了，就換上了居家穿的衣服。哪知剛換了衣服，皇帝就駕臨了。不一會兒，他的弟弟趙光義也來了。

趙普忙派人備好酒席。席上，趙匡胤、趙光義、趙普三人開懷痛飲，興致很高。身為皇帝的趙匡胤更是一點架子也沒

有，甚至還親切地稱呼趙普的妻子為嫂子，並請她一塊入席。

這場酒會加深了君臣間的了解，密切了君臣感情。後人根據這個故事改編成了〈雪夜訪普〉的戲劇，明代的皇帝特別喜歡它，經常令人在皇宮中演出。

原來酒還可以作為施恩的工具 ── 這招也正是趙匡胤用得最爐火純青的一招。

趙匡胤不是個因喝酒而出名的豪士，卻是個因善於「用酒」而出名的政治家。趙匡胤不計酒中趣，更在乎酒之用。酒在趙匡胤手裡變得不再那麼高雅，也和陶冶性情沒有了什麼關係，而是成了赤裸裸的政治工具。

酒中三十六計

若說《三國演義》武將中誰的武藝最好，大家可能莫衷一是；若說誰最愛酒，那非張飛莫屬了。

張飛雖然粗莽，但並不蠢笨，他是個粗中有細的人，他曾經用酒「智欺張郃」，為劉備奪取漢中立下了汗馬功勞。

劉備入川之後，按照諸葛亮的計畫，接下來就要攻打漢中，以建立進軍中原的基地。守漢中的魏將張郃奉命堅守營寨，任憑張飛如何挑戰他都堅守不出。這可急死了張飛。

兩軍相持了差不多兩個月，戰事成膠著狀態。張飛見張郃不出，就心生一計。他命士卒在山前安營紮寨，他自己則每天

都喝得醉醺醺的，喝醉後就在山前叫罵。

　　劉備聽犒軍的使者回報，知道張飛整天沉醉於酒中，怕張飛誤了大事，就去請教諸葛亮。諸葛亮明白了劉備的憂慮，他對劉備說：「軍前沒有好酒，成都這裡美酒極多，可以用三大車裝五十甕美酒送到張將軍陣前，讓張將軍喝個痛快。」

　　劉備對諸葛亮的舉動大惑不解，不明白諸葛亮為什麼明知張飛貪杯，還要送酒給他。諸葛亮向劉備解釋了送酒給張飛的緣故，他認為張飛喝醉酒後旁若無人地罵戰，是故意使出的計策。劉備聽了諸葛亮的解釋方才明白。但他認為張飛是個一勇之夫，不能過於託大，於是讓魏延去幫助張飛。

　　魏延帶著劉備賞賜的美酒來到了張飛營寨，張飛看到美酒大喜，就讓帳下的將校們一起痛飲。張部來山頂觀看，發現張飛坐於帳下飲酒，兩個小兵在張飛身邊表演相撲。張部認為張飛這麼做是在藐視自己，就決定當夜就去劫寨，讓蒙頭、蕩石兩個營寨做支援。

　　張部乘著月色引軍來到張飛寨前，遠遠地望見張飛還在帳中飲酒。於是大喝一聲，引軍殺入中軍大帳。卻見張飛端坐不動，張部大喜過望，一槍刺倒，卻是個草人。張部知道自己中計了，趕忙要後退的時候張飛殺了出來，兩人大戰了三五十回合。

　　張部盼望蒙頭、蕩石兩個營寨可以來支援自己，哪裡想到

兩個營寨早被魏延、雷銅領兵給攻破了。張部大敗，垂頭喪氣地引兵投奔瓦口關去了。捷報傳到了成都，劉備才知道張飛醉酒果然是計策。

張部如果一直龜縮不出的話，張飛是很難取勝的。他透過飲酒的方式麻痺和激怒張部，誘使張部下山，這一招激將法用得十分巧妙。

《水滸傳》中也有一個關於酒的計謀，這就是著名的「智取生辰綱」。

梁中書搜刮了十萬貫的財物，準備送給自己的老丈人蔡京當生日禮物。前幾年的禮物都被江湖好漢給劫取了，所以這一次梁中書是慎之又慎。幾番考量之下，他決定派青面獸楊志押送生辰綱。

楊志是楊家將之後，武藝高強，精明過人，梁中書認為由他押送萬無一失。楊志否定了梁中書派兵押送的建議，因為這樣做過於招搖。他建議讓軍漢改扮成生意人，悄悄地將生辰綱送到東京。

以天王晁蓋為首的好漢們面對這麼強勁的對手，怎樣才能虎口奪食呢？有一樣神奇的東西可以幫他們，那就是酒。

押送生辰綱的楊志一行人來到黃泥崗時，正是炎熱的夏天。眾人連日跋涉，早是饑渴難當。在眾人的央告之下，楊志只得下令在黃泥崗樹林裡休息。晁蓋等人按照智多星吳用的計

策，扮成了賣棗子的客人也來到這片樹林，等著魚兒上鉤。

這時白日鼠白勝挑著酒來了，押送的軍漢都想買酒吃。楊志感覺事情有異，駁回了眾軍漢的請求並怒斥了他們。並告誡他們，酒中可能下了蒙汗藥。白勝聞言佯作大怒，對楊志反唇相譏。

這時，晁蓋等人見機也過來買酒吃，白勝裝作怒氣不息，死活不賣。晁蓋等人死說活勸，白勝拗不過眾人，只好將一桶酒賣給了他們。

他們就著棗子喝酒，喝得津津有味，還故意饞楊志眾人。眾軍漢十分眼饞，心中更加饑渴難耐，再三央告，楊志見晁蓋他們喝酒之後並無大礙，也只好同意了。白勝卻假裝生氣，說什麼也不肯賣給他們。軍漢們再三賠罪，晁蓋等人也在一旁說好話，白勝才「勉強答應」了。

這時赤髮鬼劉唐想趁著白勝不注意偷一瓢酒喝，被白勝發現，白勝一把奪過瓢，扔回了酒桶裡。

軍漢們籌錢買了酒，也請楊志一塊喝。楊志見晁蓋他們並沒事，也放心喝了起來。不料幾口下肚，楊志連同押送生辰綱的軍漢們全被麻翻在地，十萬貫生辰綱也就成了晁蓋七人的囊中之物。

原來，白日鼠白勝所挑的酒中並無蒙汗藥，藥是劉唐在佯裝偷酒的時候，下在飲酒所用瓢中的，這一招真是神不知鬼不

覺。武藝高強、精明過人的楊志最後還是因為酒而著了道，丟失了生辰綱，最後也只能落草為寇去了。

　　「智取生辰綱」是《水滸傳》中的經典橋段。透過這件事，吳用充分展示了自己的聰明才智，「智多星」的名頭也一炮打響。「智取生辰綱」中的「智」是透過酒表現出來的，這說明酒也能成事；當然對於楊志等人來說，就是酒能壞事了。可見，敗事還是成事，並不在酒本身，而在於使用它的人。

第二節　酒可喪德

　　俗話說，「凡事有利必有弊」。酒也是如此，酒可以成事的同時也可以喪德，因為酗酒而敗事甚至喪生的例子比比皆是。宋代人陳普在〈禁酒〉中說：「幾人捐軀乞鮫鱷，幾家蕩析無城郭。」描寫的正是縱酒之禍；明末清初的大思想家顧炎武認為「酒之禍烈於火」……這些都是對歷史教訓的精闢總結，值得後人反思。

醉生夢死的帝王

　　禹傳子，家天下，從此中國進入了奴隸社會。啟是大禹的兒子，是中國歷史上第一個王朝 —— 夏的建立者。不僅如此，他也可以說是中國歷史上最早的嗜酒如命的君主。啟的這一習

慣被他後世的繼承者所承襲，夏朝後來的君主太康、寒浞等好酒的程度一點都不比啟差。

夏代嗜酒最有名的王要算是桀了。傳說，桀用大池子盛酒，酒糟堆積得比山還高。他不僅自己嗜酒如命，還喜歡看別人酒醉。他曾命令三千多人俯身到酒池中，像牛一樣飲酒。他自己則坐在用寶玉裝飾的華麗樓臺上觀看，有許多人甚至醉死在了酒池中。

夏桀荒淫的行徑當然遠不止此，百姓也生活在水深火熱之中。他常自比為太陽，百姓們聽說後憤怒地說，「時日曷喪，予及汝偕亡」，寧可與他同歸於盡。

夏桀後來被商朝的開國君主湯給打敗了，他自己也在逃到南方後不久，就嗚呼哀哉了。夏桀可以說是第一位因為酒而亡國的君主，但他絕不是最後一個。

商朝建立後，大多數君主還是比較清明的。直到最後一個君主帝辛，也就是商紂王繼位，又一位酒色之徒誕生了。

紂王和夏桀一樣，也是歷史上著名的暴君。明代小說《封神演義》曾對他的暴行有詳細的描寫，雖然是小說家言，但所說事體大致有據可依。且不說其他，僅與酒有關的暴行就足夠駭人聽聞了：

商紂王讓人在摘星樓下挖掘了兩個大池子，右邊的池子盛滿美酒，叫做「酒海」；左邊的池子用酒糟堆積成山，在山上插

滿樹枝，並在上面懸掛上肉片，叫做「肉林」。「酒池肉林」這個典故就是發源於此。

據記載，紂王的酒池大到可以在裡面行船的地步。光有酒池還遠遠不能滿足他的欲望，他還在都城朝歌（今河南淇縣）以北到邯鄲以南的路上修建了許多行宮，這些行宮專門供他喝酒享樂之用。

商紂王日夜與不穿衣服的男男女女在酒池肉林間嬉戲，他還為這種娛樂方式取了個文雅的名字「醉樂」。

商紂王在喝酒方面「打持久戰」的能力很強——甚至可以連喝七天七夜。紂王如此昏庸，百姓的日子自然不好過。後來武王伐紂，帶領諸侯攻入朝歌，商紂王自焚而死。姜太公在討伐紂王時列舉了他的十大罪狀，其中三條與酒相關：沉迷酒色、建造酒池、酗酒淫樂。

夏桀、商紂後來成了暴君的代名詞。後世的大臣勸諫君主酗酒的時候，往往會舉桀紂的例子。

春秋末年的晉國大夫趙襄子特別喜歡喝酒，一次曾連續喝了五天五夜。他對身邊的人說：「我真是位豪杰啊，喝了五天五夜的酒卻一點也不覺得身體有什麼不適。」這時有位叫做「莫」的優伶說：「您應該再接再厲啊！商紂王喝酒連續喝了七天七夜，您現在還差兩天就可以和紂王一樣了。」

趙襄子聽後很害怕，說：「這麼說我馬上要滅亡了嗎？」優

伶說：「不會滅亡。」他接著解釋道：「夏桀的滅亡是因為他遇到了商湯，商紂的滅亡是因為他遇到了周武王。現在天下的君主都和當年的夏桀差不多，而您和紂王差不多。夏桀與商紂生活在同一個時代，怎麼能夠讓對方滅亡呢？但是也危險得很。」趙襄子從此就對飲酒節制了不少。

優伶在勸諫趙襄子的時候舉了桀紂的例子，可見這兩個昏君飲酒的名聲實在是太大了，他們的事跡，在後人的眼中成了典型的反面教材。然而，酒的魔力實在匪夷所思，儘管有桀紂這樣的反面典型，後世因酗酒而敗事亡身的君主還是「前赴後繼」。

兩晉南北朝時期，中國北方先後出現了十六個由少數民族建立的政權，歷史學家將他們統稱為「十六國」。十六國的統治者大都是酒色之徒，前秦的苻生是最為典型的一位。

《晉書》對他的記載是：「殘虐滋甚，耽湎於酒，無復晝夜，群臣朔望朝謁，罕有見者。」大臣都見不到皇帝的面，國事是什麼樣子就可想而知了。苻生性格怪異，喜怒無常，大臣們面對他的時候總是如履薄冰。

有一次，苻生在宮殿中大宴群臣。監酒官向群臣傳達皇帝命令：一定要一醉方休，不醉不歸。

苻生看著大臣們喝酒，心情不錯，在樂工的伴奏下唱起了歌。剛開始的時候，監酒官一直勸酒，生怕有人喝得不盡興，

會遭到皇帝的處罰。哪知喝到酒酣耳熱之後，大家的醉意都上來了，很多人早已將宮中禮儀拋之腦後，手舞足蹈起來。

監酒官見此情狀，怕有人喝醉後鬧事，就不怎麼向大家勸酒了，酒宴的氣氛也不像先前那麼熱烈了。不料監酒官好心的舉動惹惱了皇帝，他問監酒官為什麼有的大臣還沒有喝醉。說著彎弓搭箭，一箭就把監酒官給射死了。

眾人見了嚇得魂不附體，一個個拚了命地爭奪酒壺、酒杯，使勁地往喉嚨裡灌酒。不一會兒，就都衣冠不整地大吐起來。苻生看後心情大好，接連喝了數杯酒，大醉著回寢宮了。看到別人痛苦自己卻覺得開心，這是典型地將自己的快樂建立在別人的痛苦之上的變態心理。

末代之君沒有不愛酒的，陳叔寶就是一個典型的例子。

他每次喝酒，都讓嬪妃坐在自己的周圍，眾多學士一起飲酒賦詩。文采特別突出的就會被譜上曲子，選一千多個宮女演唱。被後世稱為亡國之音的〈玉樹後庭花〉就是他們的代表作。

陳叔寶國破家亡當了階下囚後，仍然愛酒如命，在監獄裡面還日夜飲酒，醉的時候多醒的時候少。據說陳叔寶與他身邊的人一天就要喝一石酒。隋文帝聽後大驚，覺得陳叔寶應該節飲。過了不久，隋文帝說：「算了吧，不讓他喝酒的話，他的日子該怎麼過呢！」

「地下若逢陳後主，豈宜重問後庭花」，這是唐代大詩人李

商隱的詠史名句，他的意思是說：隋煬帝你到地下見了陳後主，難道要向他討教〈玉樹後庭花〉嗎？楊廣領兵滅陳，他是見過陳叔寶的，兩人最後也走上了同樣的道路。陳叔寶創作了〈玉樹後庭花〉，隋煬帝留下了〈春江花月夜〉，兩人在嗜酒上也如出一轍。歷史有時候真是驚人的相似。

隋煬帝曾命人製作過行酒船。船上有五個二尺高的木頭人，一人舉著酒杯，一人捧著酒缽，一人乘船，兩人划槳。客人環繞水池而坐，小船沿著水池漂流，每到一個客人面前就會停下。客人取過酒杯飲酒，飲完後將杯子還給木人，木人接過空杯後，會到酒缽下面重新接滿酒，然後酒船繼續行駛。可惜這件精巧的物件並沒有流傳下來。

西元六一三年，天下大勢已經岌岌可危。隋煬帝還是整日與妃子們飲酒作樂，他對身邊的蕭皇后說：「現在好多人都想推翻我，就算別人當了皇帝，我不失為長城公（陳叔寶亡國後的封號），妳不失為沈后（陳叔寶的妃子）就好。咱們還是不要管那麼多，喝酒取樂吧！」結果西元六一八年，隋煬帝被部下勒死，終年五十歲。他長城公的幻想也隨著絞索的勒緊徹底破滅了。

因為好酒而荒廢朝政，最終國破家亡的帝王絕不僅僅這幾個。當然，一個王朝的滅亡有著複雜的原因，將原因全部歸結到酒上是不科學的。但當權者的飲酒誤國，確確實實造成了加快國家滅亡的作用。

因酒誤事的將軍

　　子反是春秋時期一位因飲酒喪命的將軍。他姓芈（ㄇ一ˇ），名側，字子反，春秋時期楚國的司馬。

　　西元前五七五年，楚國大舉征伐晉國，兩軍戰於鄢（一ㄢ）陵。戰局剛開始就對楚國不利，楚共王被晉軍射瞎了一隻眼睛。楚國士兵一看國君受傷，軍心大亂。

　　為了挽救敗局，楚軍準備再次發動攻擊。楚共王找子反商量軍機大事，這時子反卻已經喝得大醉不省人事了。楚王感嘆道：「這是老天要滅亡我啊！」無奈之下，只好領兵撤退了。他派人對子反說，鄢陵之敗都是國君一個人的過錯。這自然是反話，實際上已經將戰敗歸罪於子反的酗酒了。

　　子反聽後非常慚愧，就自殺謝罪了。

　　要是說起三國時期最著名的因酒誤事之人，非西蜀三將軍張飛莫屬。

　　劉備暫領徐州牧之後，曹操生怕劉備會成氣候，就定下了「驅虎吞狼」之計，讓呂布和劉備互相殘殺。這時候正好袁術在淮南稱帝，曹操就借此機會借獻帝的名義命劉備出兵討伐袁術。

　　劉備領兵在外，要留一個人守徐州。關羽穩重且有將略，但劉備離不開他。劉備身邊又人才匱乏，只好讓張飛守徐州。

　　劉備讓張飛守徐州是不情願之舉，因為他深知張飛性如烈

火、愛酒如命的性格，怕張飛會因酒誤事。張飛承諾在守城期間不再喝酒，劉備這才稍稍放了些心。

誰知劉備、關羽走後的當晚，張飛就請徐州城裡的大小官員飲酒，說是要請大家喝最後一次，以後專心守城再也不喝了，而且命令眾人一定要喝得盡興。

其他官員都勉強飲酒，唯獨曹豹不喝。張飛深感不悅，曹豹解釋說自己天生不會飲酒。張飛並不信，強令曹豹必須喝。曹豹沒有辦法只能勉強喝了一杯。這一下可壞了事，一杯下肚，張飛就命他喝第二杯。曹豹苦苦哀求，最後求張飛看在女婿呂布的份上手下留情。

他卻忘了，張飛平生最恨的人就是呂布。曹豹不提呂布還好，一提起他，張飛就來氣了，命人狠狠地打了曹豹一頓。一邊打還一邊罵，說打了呂布的丈人就等於打了呂布。

曹豹受到如此侮辱，怎會善罷甘休。當晚就偷偷地去向呂布報信，兩人約好裡應外合拿下徐州。呂布的大軍打進徐州城的時候，張飛還在醉夢中，抵擋不得。只好帶著幾個親信逃走了，徐州城及劉備的家眷都落在了呂布手中。

張飛逃到劉備大營後，見到劉備、關羽愧悔無地。關羽抱怨了他幾句，張飛拔劍就要自殺。劉備連哭帶勸，好不容易才制止了他。

劉備半生顛沛流離，好不容易找了個根據地，又讓張飛因

為醉酒給弄丟了。

吃了這次大虧，張飛卻是沒長多少記性。後來，劉備入主兩川，留關羽守荊襄。關羽生性驕傲，中了呂蒙的計，喪身失地。關羽死後，張飛悲痛欲絕，天天呼酒買醉，借此緩解痛苦。

在張飛的勸說下，劉備決定向東吳復仇。張飛離開成都時，劉備一再叮囑他要少喝酒，因為張飛喜歡酒後鞭打士卒，並且還將這些士卒留在身邊，這早晚會為他帶來殺身之禍。張飛嘴上是答應了。

回到閬中後，張飛下令軍中三日內置辦好白旗白甲，準備掛孝伐吳。因為期限太短，負責備辦旗甲的範疆、張達實在準備不出那麼多的白旗白甲，請求張飛寬限幾日。張飛聽後大怒，令人將兩人綁在樹上，將每人狠狠地抽了五十鞭子。打完後，張飛嚴令二人必須完成任務，否則就斬首示眾。

兩人心中憋了一肚子怨氣，況且三天之內實在置辦不出那麼多旗甲，既然早晚是死，不如冒死行險。於是兩人決定先下手為強，殺掉張飛。二人知道張飛勇猛無敵，自己根本不是對手，就決定趁張飛酒醉後行事。

當晚張飛心中鬱悶，讓人拿酒來與部將痛飲，不知不覺又喝醉了。範疆、張達二人探知消息，當晚就潛入張飛帳中，將他刺殺了。可憐張飛英雄一世，沒死在疆場上，卻死於小人之手。

真是知弟莫若兄，劉備的擔心真的變成了現實，張飛果然最終還是死在了酒上。

有人稱酒為「穿腸毒藥」，有人稱酒為「忘憂物」。其實酒承受不住人們加諸給它的罪名和讚譽，無論是成事還是敗事，最終發揮決定作用的還是人們自己。

第三節　酒風酒俗

喝酒並不是簡單地把酒往肚子裡倒，而是有許多規矩的。只有按照這些規矩喝，才算是真正懂得喝酒。中國歷史悠久，留下來的酒風酒俗也林林總總。

每逢佳節倍思飲

有人說，人只要有喝酒的慾望就可以喝酒，但這種飲酒沒有文化意義，只有當酒與民族的風俗文化結合在一起的時候，酒的文化含義才被凸顯出來。中國傳統節日眾多，每個節日都須飲酒，但飲酒的名目不同，其中的文化含義也就不同。

春節是中華民族最重要的節日。每到春節，兒女們都要回到父母身邊，全家人聚在一起，共享天倫之樂 —— 當然喝酒也是少不了的。

春節在西周時期已經有了雛形。只不過那時的春節是在周

曆十月，而不是一月，禮節上卻很有相似之處。

西漢時期的春節已經和今天很相像了。按以前的風俗，除夕這天要飲椒花酒。東漢時期的文獻《四民時令》中說：「（除夕）祀祖禰畢，子孫各上椒花酒於家長，稱觴舉壽。」除夕這天之所以要飲椒花酒是因為冬天喝了它可以暖胃。除夕夜兒女向父母敬酒的習俗一直流傳到今天，只不過敬的不再是椒花酒。酒的名稱雖然不同，但裡面包含的對父母的關愛卻是相同的。

到了南朝的時候，除夕開始飲屠蘇酒來避邪。據說這種酒是東漢神醫華佗發明的，它的製作方法是：把大黃、烏頭、白朮、桂心等中藥材裝在三角形的絳囊裡，將絳囊在除夕夜懸於井水中，大年初一的時候取出和酒一起煮，這種酒就叫做屠蘇酒。酒喝完後，藥渣也不能隨便丟棄，而要投進水中，以後喝這樣的水就不會生病了。

關於屠蘇酒名字的來歷說法頗多，有一種說法認為「屠」的意思是割，「蘇」則是指一種藥草，割了藥草來泡酒，酒的名字就叫「屠蘇」了。

唐朝人韓鄂的《歲華紀麗》給出了另一種說法：屠蘇是一間茅草屋的名字。據說古時候這個茅草屋裡有一位神醫，每到大年夜他就送一包草藥給附近的人，囑咐他們將藥用布袋縫好後投入井中，到初一那天汲取井裡的水和著酒每人飲一杯，這樣一年都不會得瘟疫。人們得到了這個藥方，卻不知道神醫的名

字，只好用神醫居住的茅草屋的名字命名這種藥酒。還有資料說這名神醫就是「藥王」孫思邈。

還有一種說法認為「屠」是屠殺的意思，「蘇」是一種散布瘟疫的鬼魅，這種酒可以屠殺鬼魅，所以就叫「屠蘇酒」了。

屠蘇酒經常出現於文人的筆下，如王安石〈元日〉中的「爆竹聲中一歲除，春風送暖入屠蘇」，陸游〈除夜雪〉中的「半盞屠蘇猶未舉，燈前小草寫桃符」等等。

在酒桌上，通常都是老年人先開始，然後才是年輕人，這是中華民族敬老的傳統。屠蘇酒的飲用卻正好相反：從最年少的喝起，老年人最後喝。《玉燭寶典》對此的解釋是：「少者得歲，故賀之；老者失歲，故罰之。」小孩長大了一歲，更成熟了，這是應該慶賀的事情；老人增加了一歲，離黃泉路又近了一步，所以要罰酒。

蘇轍的〈除日〉詩中有這樣的句子：「年年最後飲屠蘇，不覺年來七十餘。」這裡說的就是這種風俗。蘇軾在〈除夜野宿常州城外〉詩中說：「但把窮愁博長健，不辭最後飲屠蘇。」蘇軾晚年雖然窮困潦倒，但精神卻很樂觀，他認為只要身體健康，雖然年老也不必在意，最後罰飲屠蘇酒自然不必推辭。

這種飲酒的習慣一直延續到清代，只是到了現代，知道的人就不多了。

中國是一個農業大國，農業自古至今都是國民經濟的基

礎。社是指掌管土地的神靈，這個神靈特別受農民的愛戴，人們專門為祂設立了一個節日 —— 社日。社日分為春社和秋社，時間分別是春分、秋分前後。

春社較之秋社更為人們所重視，人們在年前就準備好祭神、宴客用的美酒。社日那天，農民們祭神之後聚在一起開懷暢飲，十分快樂。杜甫詩云：「田翁逼社日，邀我嘗春酒。叫婦開大瓶，盆中為我取。」在社日這天，老翁邀請杜甫喝酒，本來愛酒的杜甫自然開心得很，盡歡而散，後來還專門寫了這首詩記載社日飲酒這件事。

鵝湖山下稻粱肥，豚柵雞棲半掩扉。桑柘影斜春社散，家家扶得醉人歸。

這首詩是唐代詩人王駕的〈社日〉，它的大意是：鵝湖山下的莊稼長勢喜人，家家戶戶豬滿圈、雞成群。等到桑樹、柘樹的影子變長的時候，春社的歡宴才漸漸結束。喝得醉醺醺的農人在家人的攙扶下回家了。

社日宴飲有時候會持續好多天，這是村民們十分難得的放鬆的日子。陸游〈春社〉詩：「社肉如林社酒濃，鄉鄰羅拜祝年豐。」可見，社日的一個重要環節是百姓向神靈祈禱，保佑有好的收成，這反映了農民的美好願望。

上巳節，又稱元巳節、修禊節。最初在每年農曆三月的第一個巳日，後來為了便於記憶，自魏晉時起，人們便將它固定

在每年農曆的三月初三。

魏晉時期，文人們經常在水邊舉行宴飲活動，晉代有了一種叫做「曲水流觴」的飲酒方法。眾人坐在流水旁邊，將裝著酒的酒杯放在水面上，任酒杯順水流之力漂流，杯子停在誰那兒，誰就要將杯中的酒一飲而盡並作詩一首，否則就會被罰酒三杯。

歷史上最有名的一次「曲水流觴」，莫過於王羲之、謝安、支遁等人參加的蘭亭會了。大家飲酒賦詩，談玄論道，快樂異常。會上，王羲之揮毫潑墨，趁醉而書，創作了被後人譽為「天下第一行書」的〈蘭亭集序〉。這也使得「修禊」這個節日被後人所牢記。

農曆五月五日是端午節，這是中國非常重要的傳統節日，這個節日是為了紀念大詩人屈原。

在古代，中原地區把五月五日認為是不祥的日子，人們相信喝菖蒲酒可以袪除不祥。菖蒲是一種名貴的藥材，對治療風寒、胃病等疾病有很好的療效。飲菖蒲酒有利於增強身體的免疫力。

從明代開始，端午節又有了飲雄黃酒的傳統。白酒浸泡雄黃，再加上幾塊白礬，酒揮發完之後，雄黃礬就產生了，它可以用來消毒滅菌。此外，雄黃還可以防毒蟲，所以《白蛇傳》中才出現了白娘子飲了雄黃酒後現原形的情節。

端午節除了菖蒲酒、雄黃酒之外，古人還喝蟾蜍酒和夜合酒。蟾蜍長得雖然難看，卻有大用，它有辟毒、壯陽的作用。夜合酒是用夜合花泡製而成的，夜合花有安神的作用，端午節喝夜合酒可以防治失眠。

農曆九月九日是重陽佳節，古人認為九是陽數，日月都逢九，所以稱為重陽。西漢時期，重陽節就已經形成了，並且產生了登高、喝菊花酒、佩戴茱萸等風俗。

菊花酒，顧名思義自然是用菊花釀製而成的酒。漢代人每到菊花含苞待放的時候，都要採集菊花，用它與糧食一起釀酒，等到來年重陽節的時候拿出來喝。

「採菊東籬下，悠然見南山」，這是陶淵明的千古佳句，從此菊花就成了高雅的象徵。重陽佳節，三五好友一起登高飲菊花酒，誦陶淵明的佳句，不亦快哉！

酒與節日結合在一起，這樣才能體現出酒的文化含義。

異樣酒俗韻味多

祭祀在古代是國家的頭等大事，它關係著國家的禍福和興衰，有著非同一般的意義。在祭祀之後，我們有一個傳統，那就是必須以酒酹地，如果祭祀的是江河湖海，就要將酒灑入水中。經過了酹酒後，祭祀的人才可以喝，否則就是對神靈的不敬。現在吃年夜飯的時候，鄉下的家庭還有酹酒的習俗，不過

只是將酒潑灑在地上而已。

　　在古代，酹酒有一定的規定，不是簡單地將酒潑灑就算完事了。酹酒時必須心存恭敬嚴肅之意，口中默默地唸著對神靈或祖先要說的話。通常是先將酒灑出三個點，最後將杯中剩下的酒灑成一個半圓形。留在地上的酒跡必須是一個「心」字形，這也就是人們常說的「心到神知」的意思。

　　「洞房花燭夜」，這是一個人人生中的頭等大事，洞房之夜新婚夫婦要飲合巹（ㄐㄧㄣˇ）酒。合巹就是用一隻葫蘆剖成的兩只瓢盛酒，新人各用一隻瓢裡面的酒漱口，表示永結同心的意思。後世逐漸變成了用酒杯喝交杯酒、合歡酒，其中的含義卻沒有變。

　　經常參加酒會的人都知道，遲到者要被罰酒，這一傳統發源很早，這種習俗早在春秋時期就有了。

　　有一次，齊桓公大宴群臣，規定遲到者都要罰酒一大經程（指一種容量很大的酒器）。相國管仲遲到，被罰了一經程酒，管仲的酒量有限，只喝了一半，把另一半倒掉了。管仲說一經程的酒實在喝不下去，與其喝醉了發酒瘋觸犯刑律，還不如喝一半就認罰。

　　歷史上這種例子還有很多，裴弘泰罰酒就是很有名的一個。

　　唐代的裴均曾經做過荊南節度使。裴弘泰是他的侄子，在他手下當一個管理驛站的官員。一天，裴均遍發請柬，大宴賓

客，負責發請柬的人不小心把裴弘泰給漏掉了。

　　酒宴已經開始很久了，裴弘泰才得到消息，匆匆忙忙地趕過來。裴均看到自己的侄子來晚了很不高興，就命裴弘泰自己罰酒。

　　裴弘泰解釋了自己來晚的原因，他同意罰酒，但提出了一個特殊要求：他要求將酒席上的銀酒器全部斟滿酒，他能喝多少就要把喝過酒的酒器送給他。酒席上的人都為裴弘泰叫好，裴均也同意了。

　　結果裴弘泰不一會兒就將酒席上小酒杯裡的酒都喝盡了。按照約定，他把酒器都放進懷中，不一會兒懷裡就滿了。席上有一個大銀海（一種盛酒的器皿），能夠裝一斗多酒，裡面的酒滿滿的，裴弘泰捧起銀海就喝，一口氣就喝光了裡面的酒。喝完酒後，他將銀海放在地上，自己用腳踏扁，放進懷裡就離開了酒席，騎馬回驛站去了。裴均看到侄子帶走了那麼多金銀酒器，有點捨不得，臉上露出了不高興的神色。

　　酒席散後，裴均開始擔心起自己的侄子來，怕裴弘泰喝了這麼多的酒會傷身體。傍晚，他派人去看一下裴弘泰喝完酒後在幹什麼。出乎意料的是，使者見裴弘泰坐在驛站裡正讓人稱金銀器的重量呢！總共有二百多兩。裴均聽了使者的回報，忍不住開懷大笑。

　　裴弘泰罰酒卻獲得了許多金銀，真是塞翁失馬焉知非福啊！

乾杯是喝酒的人都熟悉的，這種習俗在兩千多年前的春秋時期就有了。東漢王符的《潛夫論》中有「引滿傳空」的說法，這和現在的喝光了酒後將酒杯遞給同桌的人看是一個意思。

　　中國古人稱乾杯為「酹」，君臣之間喝酒也要乾杯。魏文侯同自己手下的大夫喝酒時規定「不酹者浮以大白」，意思是喝酒的時候不喝乾的要罰一大杯酒。魏文侯這樣定下了規矩，結果他自己被罰了一大杯酒，這也可以說是作繭自縛了。

　　明代楊君謙還在《蘇談》中記載了蘇州地區的飲酒規矩：「杯中餘瀝，有一滴，則罰一杯。」這種規矩在現在的酒場上仍然在用。

　　西方國家酒桌上也有乾杯的傳統，但他們的解釋與我們不同。一種說法是這發源於古羅馬的角鬥士。角鬥士在角鬥前都會喝上一杯酒，以表示他們一往無前、拚死一爭的決心。喝酒的時候由於怕酒中有毒，角鬥的雙方會碰杯，這樣酒就會濺到對方的酒杯中互相摻和，表示酒中無毒。還有一種說法發源於古希臘，喝酒的時候口可以品味，鼻可以聞香，眼可以觀色，唯獨耳朵是空閒的，碰杯就是為了讓耳朵可以聽到聲音。

　　碰杯也有講究，客人對主人、晚輩對長輩，前者要把酒杯舉得低一些，碰杯的時候杯子要比對方的矮一點，否則就是失禮的行為。

　　參加宴席的人並不是所有的人都會喝酒，這時候人們經

常會「以茶代酒」，這個習俗發源於三國時期吳國的末代君主孫皓。

孫皓是個酒徒，他沉湎於酒宴，經常長醉不醒。每次酒宴他都強迫公卿們必須喝得大醉，之後再讓侍臣捉弄他們。不僅如此，孫皓還設立了十個黃門郎，專門檢查百官酒後的過失，酒宴之後，黃門郎會將大臣們的一言一行如實稟告。因此，大臣們每次參加他的酒宴都戰戰兢兢，回家後都覺得像從地獄邊上走了一圈。

孫皓的酒宴還有個規矩：不論會不會喝，能不能喝，每個人必須喝七升酒。這個規矩可難為死了酒量小的人，許多大臣只好皺著眉頭喝，直到喝得吐出來。大臣中有個人叫韋曜，他的酒量只有二升，但他是孫皓的父親孫和的老師，所以皇帝對他特別的開恩，韋曜喝不動了皇帝就讓人為他悄悄換上茶，這樣就不至於因為喝不下酒而難堪。

這就是以茶代酒的來歷，現在酒場上可以代酒的不僅僅是茶，還可以用果汁等其他飲料。在酒席上男性喝酒、女性喝飲料，這是很常見的搭配方式。

第四節　文明飲酒

做個周到的主人

　　主人在宴席上，必須熱心周到地款待客人，保證客人們吃好喝好，讓客人們有賓至如歸的感覺。對於特別能喝酒的客人，主人必須時刻在意，既要讓他們喝得高興，又不能讓他們喝過量。請客吃飯本來是為了和朋友們交流感情，如果有人在酒席上喝醉了，甚至胡言亂語地亂發酒瘋，這樣不僅達不到請客吃飯的目的，還會帶來相反的效果。

　　喝過一次酒後，泛泛之交變成了摯友，這有可能；喝過一次酒後，摯友變成了仇人，也不是不可能。所以，酒宴上的主人一定要周到細緻，照顧好每一個客人的感受，讓酒宴成為加深感情的工具，而非損害感情的殺手。

　　主人可以飲酒的話，一定要陪喜歡喝酒的客人開懷暢飲，但不能強迫不能喝酒的客人喝酒，也不能強迫酒量小的客人多喝，這些都是失禮的行為。

　　「石崇鬥富」的典故讓他在歷史上大有名氣，他與綠珠的愛情也是後人吟詠的對象。但石崇卻不是一個好的酒會主人，他在酒會上的表現就讓人厭惡。《世說新語》中有一個關於他設酒宴招待客人的故事。

石崇每次請朋友喝酒，都要讓家裡的美人勸酒。如果客人沒有喝盡杯中的酒，他就令軍士將勸酒的美人殺掉。

　　宰相王導、大將軍王敦曾是石崇酒席上的座上賓。王導不善喝酒，但因為不乾杯的話就會有美人喪命，只能硬著頭皮喝。輪到王敦喝酒的時候，王敦故意不喝，他想看看石崇的反應。石崇果然令人將勸酒的美人殺掉了，再換另一位美人勸酒，王敦還是堅決不喝，這樣一連殺了三個美人，王敦仍然面色不變，就是不肯喝酒。

　　王導是個心比較軟的人，他不忍心看著美人一個個地喪命，就責怪王敦，王敦冷冷地說道：「他殺他自己家裡的人，關我們什麼事！」

　　石崇為炫耀權勢而肆意踐踏人的生命，其行為已經不是正常人所能容忍的了。後來他被身送東市，開刀問斬，也可以說是罪有應得。

　　「壯懷猶見缺壺歌」，這是元好問〈論詩絕句〉裡面的名句，裡面典故就來源於王敦。

　　《世說新語》是這樣記載這件事的：王敦每到喝醉酒的時候，就一邊用鐵如意敲擊酒壺，一邊高聲吟誦曹操「老驥伏櫪，志在千里；烈士暮年，壯心不已」的句子。吟到興處，想起自己年事已邁，不由得潸然淚下。

　　酒酣耳熱後，客人難免有舉止失禮的地方，酒席的主人一

定要有寬廣的胸懷，不要斤斤計較，更不能當場給客人難堪，因為摯友與仇人之間的轉換往往是在一念之間的。

　　酒會主人如果是位高權重的上司，客人們又都是他的下屬的時候，主人更應該有寬廣的胸懷，正所謂「大肚能容，容天下難容之事」。春秋時期的楚莊王就是這方面的模範。

　　楚莊王是春秋五霸之一。有一次他大宴群臣，大家直喝到日落西山。楚莊王正在興頭上，不同意罷宴，又點起燈來繼續喝，來了個「秉燭夜飲」。

　　突然，天空中颳起了一陣大風，將燈燭給吹滅了。這時，一個喝得半醉的將軍突然拉住了一位妃子的衣服。妃子大驚，摸著將軍的頭盔，將上面的盔纓拽了下來。妃子這麼做是為了留下這位將軍的犯罪證據，等到酒席結束後好告狀。

　　然後，這位妃子悄悄對楚莊王說：「大王，有人想趁黑調戲我，我將他的盔纓給拽斷了。請一會兒點上燈後看誰的頭盔上沒有帽纓，就向他問罪！」楚莊王說：「我今天請大家喝酒，有的人在酒席上喝醉了，就算有點失禮的行為也不能怪罪。我不能為了妳而傷害我的大臣。」

　　之後，楚莊王對群臣說：「大家都把盔纓摘掉吧，這樣才喝得痛快。」參加酒席的一百多人都把盔纓摘掉了。然後點起燈，君臣們繼續喝酒，直喝到盡歡才散。

　　三年後楚國與晉國大戰，有位將軍總是奮不顧身地衝在最

前面。楚莊王問他：「我平時並沒有怎麼優待你，你為什麼這麼的捨生忘死呢？」原來這位將軍就是那位被折斷盔纓的人。

人喝醉了酒後，難免會做出些失禮的舉動，楚莊王是很理解這點的。他不僅沒有怪罪對自己妃子無禮的人，還想方設法保全了那個人的面子。楚莊王的大度也讓他自己獲益匪淺，換來了一顆忠心。

酒會主人要有度量，這並不是說要喪失掉原則，對客人的任何失禮行為都要寬容。如果客人在酒會上有太過分的舉動，一個合格的主人就必須加以制止，這也是對其他客人的尊重。

當個懂禮的客人

在現實生活中，人們常常利用酒宴聯絡感情。因此我們一定要熟知酒場上的禮節。如果不注意禮節，導致的後果就往往會違背聚會的初衷。不僅平常人是如此，好酒的人更應該懂禮，因為酒本來就是用來成禮的。一個會喝酒的人，首先應該是一個懂禮的人。

去參加酒會，遲到自然是失禮的，去得太早也不好。最好能在酒席開始前不久到，這樣才是最合宜的，同時也能體現出客人對主人的尊重。

入席前一定要分清座位的先後，年長德高的坐尊位，年輕人坐卑位。如果次序顛倒，就會被人笑話。

在古代這種規定更加嚴格，宴飲的座席有明確的規定：君王要坐尊位，臣子們不能面對君王，只能坐在側面。據清代學者顧炎武考證，中國古代的座次以東為尊。最尊貴的座位是屋裡西牆附近的，喝酒的人面向東坐；其次是坐在北邊，面向南方的座位；再其次是坐在南邊，面向北方的座位；坐在東邊，面向西方的座位是最卑的。

這種座次在《史記·項羽本紀》中的鴻門宴中體現得很明顯：

項羽是勝利者，項伯是項羽的叔父，他們兩個面朝東坐；范增是項羽的謀士，他面朝南坐；劉邦是一方勢力的領導，他面朝北坐；張良是劉邦的手下，只能坐在了最卑微的位置上了。

這種座次順序在現代仍然適用。參加酒會的人一定要注意，根據自己的身分選擇適合自己的座位。

客人酒席上的最大禮節是飲酒不過量，最大的失禮是在酒席上喝醉，這一點在《詩經》中就已經體現得很明白了。

現在喝酒，剛開始就要先喝三杯，其實是違背了禮節的。《禮記》說：「君子之飲酒也，一爵而色溫如也，二爵而言言斯，三爵而油油以退。」這句話是說，喝一爵酒的時候，人面不改色，喝兩爵的時候，話就多了起來，喝完了三爵，那就該離席了，否則就容易酒後失德。《禮記》中的規定是讓人最多喝三爵，現在變成了喝酒的時候最少喝三杯，兩者已經有天壤之別了。

飲酒過量，不但對身體一點好處也沒有，對於修身更是無異於戕賊。古代的許多人都有過精闢的論述。孟子云：「樂酒無厭，謂之亡。」無節制地飲酒，絕對不利身心。元代的忽思慧說：「多飲傷神損壽，易人本性，其毒甚也。」這些都是至理名言。

邵雍，字堯夫，他是北宋時期的著名哲學家，自號「安樂先生」，將自己的書齋命名為「安樂窩」。雖名安樂，邵雍卻從不耽於安樂。邵雍喝酒只喝三四甌，有些醉意的時候就不喝了，喝醉更是沒有的事。

岳飛是抗金名將，他年輕的時候「豪於飲」。因為飲酒過量而有過失，高宗趙構及他的母親都讓他戒酒。他聽從了勸告，斷然戒酒，並立下豪言壯語：「直搗黃龍府，與諸君痛飲耳！」之後屢立奇功，成為一代名將。

這兩位先賢的例子，的確值得酗酒者們傚法。

在酒席上，人一定要謹言慎行，否則會帶來意想不到的傷害，有時候這種傷害是災難性的。

《梁書》上有一個因為酒席上的一句話送掉三條人命的故事。

邵陵人王綸鎮守郢州，江蘇吳興的吳規是他的下屬。湘州知府張瓚路過郢州時，王綸舉行了酒會招待他。張瓚見吳規也在酒席上，就舉起酒杯滿含譏諷地說：「吳規，我這杯酒慶賀你今晚可以陪宴。」這話極具侮辱性，吳規負氣而走。

吳規的兒子見父親不高興，就詢問原因，知道自己的父親

被人嘲弄後，氣塞而死。吳規恨張瓚瞧不起自己，又哀痛兒子的死亡，怒憤交加，不久也命歸黃泉。吳規的妻子看到丈夫與兒子都死了，傷心過度，不久也死了。

導致這場悲劇的原因很多，吳規氣量狹小固然是一個原因，但事情的導火線還是張瓚的那句侮辱人的話。可見，言語的殺傷力有時候堪比刀槍，酒桌上的人們更須慎言。

有的人喝醉酒以後喜歡吹牛，有人喝醉了酒喜歡放狂言，這也是飲酒喪德的行為，而且這樣的人古往今來比比皆是。

大詩人杜甫就很好酒，而且酒德不敢恭維。杜甫曾經去投靠西川節度使嚴武，嚴武對他很照顧，兩個人經常在一起喝酒。有一次，杜甫酒喝多了，爬到了嚴武的座位上，瞪著眼睛，指著嚴武的鼻子說：「想不到嚴挺之這個忠厚沒有用的老頭子，居然生了你這麼個厲害兒子。」嚴挺之是嚴武的父親。杜甫在別人家中喝酒，還辱罵人家父親，實在是不應該。

嚴武聞言當然大怒，要不是被其母勸阻，可能一代詩聖早就死在了他的刀下。做客要有做客的規矩，杜甫的行為無疑破壞了這個規矩。

相反地，有的人在酒桌上就很善於自控，顯示出了過人的風度。

唐代有一位叫程皓的人就很有酒場風度，他從來不說別人的壞話，在酒桌上也是如此。有一次他在酒席上被人痛罵，罵

的話簡直不堪入耳，同席的人都覺得無法忍受。程皓卻沒有翻臉，只是搗著耳朵走開了。

他不發火，理由很簡單，哪能與喝醉的人一般見識呢？這不能不說是胸襟豁達的表現。

無獨有偶，唐代還有一位叫任迪的人，也以心胸豁達而受人愛戴。

任迪是天德軍節度使李景略的判官。有一次軍中開宴，眾人都喝得醉醺醺的。斟酒的人也喝多了，誤將一壺醋當作酒給了他。任迪喝了一口，酸得牙齒都快掉了。但他知道李景略治軍極為嚴格，要是這件事情被李景略知道了，斟酒的人肯定會性命難保。

於是他裝作沒事一樣喝了半天醋，將事情掩飾過去了。最後實在喝不下了，才以酒味太薄為由將醋換掉。軍人知道這件事情後，都對任迪感恩戴德。

李景略病死後，軍士們都竭誠擁戴任迪繼任節度使。監軍不同意，就將任迪抓了起來。軍士們因此差點嘩變，最後終於齊心協力，砸破牢門救出了他，請他當了一軍之主。朝廷聞訊無可奈何，也只好默認了。

我們難免會參加各種各樣的酒宴，有情願參加的，有不得不參加的。但是無論是哪種場合，我們都應該謹守禮節，做一個受人歡迎的文明飲酒人。

做個文明飲酒的人

其實不論是主人還是客人，我們在酒桌上都應該文明飲酒。恪守酒桌禮儀，飲酒不過量，不在酒後胡言亂語，這是文明飲酒人的最基本要求。有些人在酒場上守禮，回了家就發酒瘋，這同樣是不可取的。

從古至今都不乏酒後窩裡橫的醉鬼，有很多還為人們所熟知。不過這種事情流傳後世並不光彩，後世人當引以為戒。

唐代參軍戲裡有個叫〈踏搖娘〉的節目，裡面的男主角就是隋朝末年河內郡的一個酒鬼。這位醉鬼不僅長得很難看，還特別喜歡喝酒。喜歡喝酒也就罷了，他更喜歡喝醉酒打老婆。他的妻子不僅人長得漂亮，而且多才多藝。她將發生在自己身上的事情編成曲子唱給別人聽，於是就有了〈踏搖娘〉這個節目。這位不知名的醉鬼也因為這個節目，成了後世人們取笑的小丑。

唐代還發生過一件特別有名的酒後打老婆的事件，這件事後來演變成了京劇〈醉打金枝〉。

故事說的是汾陽王郭子儀的兒子郭曖，娶了升平公主。娶公主當老婆表面上很風光，其實也有說不出的苦。公主是金枝玉葉，要像皇帝一樣供著她，丈夫和公公還要向她磕頭行禮，郭大公子自然是惱在心裡。

有一次，郭曖喝多了酒，發起了酒瘋。將公主狠揍了一頓，

還揚言：妳爸是皇帝有什麼了不起，沒有我爸郭子儀，妳爸那皇帝能當得成嗎？鼻青臉腫的公主回娘家向皇帝訴苦。唐代宗自然很生氣，但懾於郭子儀的權勢，只得打掉牙齒往肚裡吞，反過來責怪了女兒一頓，並「真誠地」向郭子儀道歉。

這個故事雖然沒有以悲劇收場，卻並不是說酒後打老婆是可取的；尤其是很多人沒有郭子儀的本事，卻想學郭曖的脾氣，可謂沒有自知之明。現在家庭暴力事件屢見報端，很重要一個原因就是丈夫酒後無德。

在酒場上要做文明的人，喝了酒回家後更應該做文明的人。因為家是自己溫馨的港灣，家人需要的是呵護，而不是拳打腳踢。

第三章　豈可一日無此君

　　　　── 文人的酒情懷

第一節　禁酒風波

周公制〈酒誥〉

　　歷史是一面鏡子，以史為鑑才可以更好地面向未來。有許多著名的歷史人物能夠吸取前人因酒誤事、因酒誤國的教訓，在飲酒上做出節制。剛剛取得天下的西周奴隸主貴族針對當時酗酒的歪風，在周公的倡導下，制定了〈酒誥〉。周朝的全國性的禁酒運動開始了。

　　周公德才兼備，是中國歷史上有名的政治家，孔夫子最崇拜的人物就是周公。為了遏制住商代遺民嗜酒成性的不良風氣，周公以成王的名義，制定了禁酒令〈酒誥〉，在中國歷史上開了以國家政令形式禁酒的先河。周公先總結了商朝君臣因酗酒而亡國的沉痛教訓，告誡人們一定要節制飲酒，否則會受到嚴厲的處罰。

　　〈酒誥〉規定了飲酒的時節，只有在祭祀的時候才可以飲酒，文中是這樣說的：

　　祀茲酒，唯天降命，肇我民，唯元祀。天降威，我民用大亂喪德，亦罔非酒唯行；越小大邦用喪，亦罔非酒唯辜。

　　「國之大事，在祭與戎」，祭祀在古代有著非同一般的意義。周公規定，在祭祀的時候人們是可以飲酒的。此外，「父母

慶則可飲酒」，兒女為父母祝壽也可以飲酒，向父母敬酒是兒女表達孝心的一種很重要的形式，周公的考慮是很周到的。

　　周代是一個以禮治國的朝代，〈酒誥〉不准非禮飲酒，飲酒時必須文明，飲酒不能喝醉。「群飲，設勿佚，盡執拘以歸於周，予其殺。」周公對聚眾飲酒鬧事的行為深惡痛絕，敢這麼做的人會受到嚴厲的懲罰，甚至會被殺掉。

曹操禁酒

　　酒的出現有一個先決條件，那就是農業的興盛及糧食的剩餘。在古代，造酒與禁酒基本上是同時出現的，糧食多餘了就造酒，遇有天災，糧食不足，政府就會禁酒。在中國歷史上，歷朝歷代都頒布過禁酒令，可是酒從來沒有被禁絕過，每次禁酒都是虎頭蛇尾，最後也就不了了之了。這是因為酒已經融入了人們社會生活的各方面，它與人朝夕相伴，要人為地禁絕它是不現實的事情。

　　歷史上最有名的禁酒者，要數曹操了。說起曹操愛酒，好多人都會點頭贊同，「對酒當歌，人生幾何」，曹操的詩可以證明他是個愛酒的人。曹操年輕的時候曾把家鄉的釀酒技術整理成《九釀法》呈獻給皇帝，後來他又將杜康酒寫進〈短歌行〉這一不朽名篇。英雄愛酒，這是千古的佳話，「何以解憂，唯有杜康」，酒確實為曹操的英雄本色平添了幾分豪邁。愛酒、嗜酒

並且以酒為樂的曹操為何要禁酒呢？這和他統一天下的雄心壯志有關 —— 為了成就功業，只好暫時放棄口腹之欲了。

曹操還留下了「斗酒隻雞」的典故，這個典故既說明了曹操對朋友的懷念，同時還說明了他對酒的愛好。橋玄是曹操的摯友，橋玄曾跟曹操開玩笑說：「我以後死了，你經過我的墳墓，你不用一隻雞、一斗酒祭奠我的話，你乘車走過三步，肚子就會疼的，到時可不要怪我不夠朋友哦！」後來橋玄去世了，曹操踐行了自己的承諾，留下了「斗酒隻雞」的典故。

建安十二年（西元二〇七年），曹操鑑於連年戰爭導致的糧食歉收，頒布了禁酒令。當時正是群雄逐鹿，戰爭頻繁，糧食直接關係到一個軍事集團的生死存亡。袁紹的軍隊因為缺少糧食曾以桑葚為食物，袁術的軍隊甚至曾吃人度日。曹操由於實行了屯田制，一定程度上緩解了軍糧短缺問題。但這畢竟不是治本之策，尤其在遇到天災的時候，就不得不頒布禁酒令了。當時下過禁酒令的不是只有曹操，還有劉備等人。

曹操的禁酒令剛下，就遭到了一個人的反對。這人就是孔融。

孔融（西元一五三至二〇八年），字文舉，孔子的二十世孫。孔融是中國歷史上鼎鼎大名的人物，「孔融讓梨」的典故更是婦孺皆知。孔融是漢末著名的名士，非常好酒，他有一句名言：「坐上客恆滿，樽中酒不空，吾無憂矣。」他還有詩說：「歸家酒債多，門客粲幾行。高談驚四座，一夕傾千觴。」與滿座高

朋飲酒高論，正是孔融最喜歡的生活。

孔融不僅自己愛喝酒，他好酒的習慣還傳給了自己的兩個兒子，《世說新語》中就有一則記孔融兒子偷酒的故事。

孔文舉有二子，大者六歲，小者五歲。晝日父眠，小者床頭盜酒飲之。大兒謂曰：「何以不拜？」答曰：「偷，那得行禮？」

孔融二子不僅繼承了孔融好酒的基因，小小年紀就偷酒喝，尤其是他的小兒子，更繼承了孔融曠達的風度，蔑視禮法。

曹操的禁酒令，自然也就引起孔融的不滿。於是他仗著與曹操交厚，半開玩笑地撰文反駁禁酒令。在給曹操的第一封信中，孔融羅列典故，大談酒的作用。他認為酒對政務沒有什麼壞處，不應該禁。信中說：

酒之為德久矣。古先哲王，祭帝禋宗，和神定人，以濟萬國，非酒莫以也。故天垂酒星之翟，地列酒泉之郡，人著旨酒之德。堯不千鐘，無以建太平；孔非百觚，無以堪上聖；樊噲解厄鴻門，非豕肩鐘酒無以奮其怒；趙之廝養，東迎其王，非引卮酒無以激其氣。高祖非醉斬白蛇，無以暢其靈；景帝非醉幸唐姬，無以開中興。袁盎非醇醪之力，無以脫其命；定國非酣飲一斛，無以決其法。故酈生以高陽酒徒，著功於漢；屈原不餔歠醨，取困於楚。由是觀之，酒何負於政哉！

孔融反駁曹操禁酒令的立足點是，酒在歷史上發揮過很大的作用，古人祭祀天地、祖先，保持人神之間的和諧關係，這

些都離不開酒。正因為酒有這麼大的作用，所以天上才會有名為酒星的星星，地下才會有叫做酒泉的地名，人們才會在文章中討論酒的功用。堯不喝酒，就不能建立上古的太平盛世；孔子不喝酒，也不會被人們稱為聖人。樊噲在鴻門宴上幫助劉邦脫險，酒助長了英雄膽氣；漢高祖劉邦如果不是醉後斬白蛇，也不能開創大漢王朝。孔融在這裡列舉了一大串歷史上的人物因酒成事的例子，用意就在於說明「酒何負於政哉」這一基本觀點。

曹操不僅是著名的政治家、軍事家，還是著名的詩人，他自然明白孔融的用意。孔融是當時的名士，在朝野之上有極大的影響力，他的一言一行都會對曹操政令的推行造成很大的作用。曹操為了強力推行禁酒，就在給孔融的回信中提出了禁酒的歷史依據，那就是歷史上的夏商兩朝的統治者都是因為縱酒而亡國，他們也因此成了昏君的代名詞。因此，禁酒是十分必要的。

孔融不同意曹操的觀點，又寫了一封信批駁他。

昨承訓答，陳二代之禍，及眾人之敗，以酒亡者，實如來誨。雖然，徐偃王行仁義而亡，今令不絕仁義；燕噲以讓失社稷，今令不禁謙退；魯因儒而損，今令不棄文學；夏商亦以婦人失天下，今令不斷婚姻。而禁酒獨急者，疑但惜穀耳，非以亡王為戒也。

孔融認為曹操的觀點站不住腳，他又舉出了歷史上許多名人的例子：徐偃王是西周時期徐國的國君，他以仁義待人，有

三十六個諸侯臣服於他。後來,周穆王聯合楚國進攻徐國,徐偃王主張仁義不肯開戰,於是敗逃,數萬百姓感其恩義跟隨著他。徐偃王因為行仁義而亡國,但天下仍然推崇仁義;燕噲是燕國的君主,他很推崇堯舜時代的禪讓制度,就將國家禪讓給了自己的大臣,結果導致國家大亂。孔融認為燕噲因為禪讓失國,今人卻仍推崇禪讓;魯國因為實行孔子的禮制而削弱,但天下仍尊儒學;夏商的國君因為沉迷女色而亡國,然而後人卻不禁婚姻。孔融認為曹操「以亡王為戒」的理由是小題大做,直言曹操禁酒是因為愛惜糧食,並不是因為酒會亡國,這一點倒是猜對了曹操的心思。孔融的話難免有強詞奪理之嫌,而且明知道曹操禁酒是因為糧食的緣故,還要寫信詭辯。他並不是真心與曹操作對,只是逞才率性的行事習慣使然。

對曹操而言,孔融的做法卻成了他推行禁酒令的絆腳石。之後,孔融屢屢以文為戲,非議曹操的決策,終於為他以及他兩個愛酒的兒子招來了殺身之禍。

曹操雖然頒布過禁酒令,但這也是非常時期的非常手段。他本人其實也頗好酒,他的兒子曹丕、曹植也是如此。曹丕的《與吳質書》是魏晉散文的代表作,裡面有一段與酒有關的文字:

昔日遊處,行則連輿,止則接席,何曾須臾相失。每至觴酌流行,絲竹並奏,酒酣耳熱,仰而賦詩。當此之時,忽然不自知樂也。

曹丕以前與朋友一起遊玩的時候，同乘同坐，從沒有片刻的分離過。朋友們經常一邊聽著音樂一邊痛飲美酒，酒酣耳熱的時候，大家一起寫詩作賦，熱鬧非凡。建安時期，葡萄是稀罕物，葡萄酒更是珍品中的珍品。東漢靈帝時，山西人孟佗用一斛酒向當時權勢熏天的大宦官張讓行賄，竟然獲得了「涼州刺史」的官職。曹丕對葡萄酒可謂情有獨鍾，他寫信給朋友，說他一聞到葡萄酒的香味就會垂涎三尺，更何況大口地痛飲呢！

　　曹丕的弟弟曹植更是個愛酒如命的人，《三國志‧魏書》本傳記載他「任性而不自雕勵，飲酒不節」，曹植的詩篇中隨處可見「酒」字，他還仿照楊雄的〈酒賦〉寫作了一篇同名的〈酒賦〉。曹植在〈酒賦〉中借矯俗先生之口提道：「此乃淫荒之源，非作者之事。或耽於觴酌，流情縱逸。先王所禁，君子所斥。」曹植這幾句話是在講酒的危害，這可以說是他對禁酒令的回應。實際上曹植好酒的名聲很大，一直影響到後世的李白，李白在《將進酒》中提到的「陳王昔時宴平樂，斗酒十千恣歡謔」中的「陳王」指的就是曹植。

　　酒還有兩個別號，「聖人」與「賢人」，這兩個稱呼與曹操的禁酒事件是直接相關的，它們出自《三國志‧魏書‧徐邈傳》。漢朝末年，全天下都出現了大饑荒，朝廷為了節省糧食，嚴禁釀酒、飲酒。當時喜歡喝酒的人都將清酒稱為聖人，將濁酒稱為賢人。

　　徐邈在曹操手下擔任尚書郎的官職，曹操雖然明令禁酒，徐邈卻根本不在乎，整天喝得醉醺醺的。有一位叫趙達的官員去向他詢問公事，他醉醺醺地說：「中聖人。」這裡的「中」用作動詞，是「被困」的意思，就是說自己被「聖人」困住了，「聖人」指的是清酒，徐邈在這裡的意思是說自己喝醉了。趙達將徐邈的話告訴了曹操，曹操聽說後勃然大怒，但他不知道「聖人」是什麼意思。另一位名叫鮮於輔的大臣告訴他：「喝酒的人把清酒叫做聖人，濁酒叫做賢人。徐邈這個人平時還算奉公守法，現在不過是說說醉話而已。」於是，曹操就原諒了徐邈。曹操去世後，曹丕篡漢自立，徐邈是魏國的重臣，曹丕很喜愛他。一天，曹丕見到徐邈，向他開玩笑地問道：「你近來不中聖人了嗎？」徐邈對曹丕答道：「還不時地中一下。」曹丕聽後大笑。

　　從此以後，有人便以清聖濁賢作為清濁酒的別稱。李白與孟浩然是摯友，一篇〈送孟浩然之廣陵〉足以說明兩人之間的深情厚誼。李白的一首名為〈贈孟浩然〉的詩中有「醉月頻中聖」的句子，用的就是個典故，說孟浩然特別喜歡喝酒。天寶年間，李適之因為奸臣李林甫的排擠而被罷免了宰相，他作詩感慨道：「避賢初罷相，樂聖且銜杯。」樂聖，就是飲酒的意思，用的也是這個典故。

第二節　名士醉酒

　　晉人王孝伯為名士下了這樣一個定義：「名士不必須奇才，但使長得無事，痛飲酒，熟讀〈離騷〉，便可稱名士。」可見，詩與酒是名士的包裝，名士不飲酒是不可想像的。「三日不飲酒，覺形神不復相親」，這是深得酒中真諦之人的言語；「酒正引人著勝地」，非嗜酒如命者不可達到此境界；「酒，正使人人自遠」，這也是論酒的千古妙語。魏晉時代是一個特殊的時期，當時天下大亂，人們生活朝不保夕，許多人死於非命，因此人們都喜歡沉醉於酒中，喝酒對魏晉名士來說既是避禍的方式，也是修身的方式，在酒中他們與天地自然合一。

　　飲酒出名的名士要首推「竹林七賢」了，他們分別是阮籍、嵇康、劉伶、向秀、山濤、王戎、阮咸七人。他們不僅在文學史上赫赫有名，在酒史上的名聲也毫不遜色，他們的故事主要保存在劉義慶所著的《世說新語》中。

　　阮籍，字嗣宗，曾任步兵校尉，後世又稱為「阮步兵」。阮籍做步兵校尉，不是因為想當官，而是因為酒：當時步兵校尉出現了空缺，聽說步兵校尉的廚中有美酒數百斛，阮籍就主動要求去當步兵校尉，所以後世稱他為「阮步兵」。

　　阮籍生性謹慎，司馬昭一直想拉攏他，阮籍每次都說些玄遠的話，從來都不隨便地批評人物。司馬昭想與阮籍結為兒女

親家，每次派人去向阮籍求親，阮籍都醉得不省人事。阮籍連續醉了兩個月，司馬昭沒有辦法，只好放棄了。司馬昭的重臣鍾會經常問阮籍關於時局的看法，想抓阮籍言語的漏洞來治他的罪。阮籍卻每次都喝得大醉，對時局不加任何的評論。「胸中塊壘，非酒不能消也」，沉醉於酒，這是阮籍不得不如此的保命之道，他就算大醉的時候心裡也是清楚的，他不想與司馬氏有瓜葛，可又不敢公開得罪，只好裝瘋賣傻了。阮籍嗜酒如命，在母親去世的時候仍然飲酒如故，《晉書‧阮籍傳》記載：

籍性至孝，母終，正與人圍棋，對者求止，籍留與決賭。既而飲酒二斗，舉聲一號，吐血數升。及將葬，食一蒸豚，飲三斗酒，然後臨決，自言窮矣。舉聲一號，又吐血數升。毀瘠骨立，殆至滅性。

阮籍是個大孝子，母親去世的時候，他正與人下棋，對手要求暫時罷手，阮籍不同意，非要和他分出勝負不可。下完棋後，阮籍喝了兩斗酒，大聲痛哭，吐了數升血。他的母親將要下葬時，阮籍吃了一隻蒸熟的小豬，喝了三斗酒，然後拜別母親，仰天大號，痛哭流涕，又吐了數升血。母親去世後很久，阮籍都是形銷骨立的。按傳統的禮法習慣，母親去世的時候兒子是不可以喝酒吃肉的，但阮籍不在乎這些，因為這些規定都是形式，阮籍重視的是他對母親的深情。母親去世後，阮籍一直吐血，這足以表明他對母親的深情，他喝的是傷心酒。

阮籍的這一不同於禮法習俗的反常行為，有的人是不理解的，甚至要求當權者將其繩之以法，《世說新語‧任誕》篇中記載了這樣一個故事：

阮籍遭母喪，在晉文王坐，進酒肉。司隸何曾亦在坐，曰：「明公方以孝治天下，而阮籍以重喪顯於公坐飲酒食肉，宜流之海外，以正風教。」文王曰：「嗣宗毀頓如此，君不能共憂之何謂？且有疾而飲酒食肉，固喪禮也。」籍飲啖不輟，神色自若。

阮籍在守喪期間在司馬昭的面前，飲酒食肉，引起了何曾的不滿，何曾認為阮籍的行為不符合孝道，應該流放阮籍。司馬昭不贊同何曾的看法，阮籍因為母親去世傷心過度身體受到了極大的傷害，司馬昭認為這應該值得同情，況且有病的時候飲酒食肉並不違背喪禮。司馬昭與何曾議論阮籍，阮籍好像沒有聽到一樣，照樣飲酒食肉，神色自若。司馬昭說這些話並不代表他理解阮籍，他只是想透過這些話來收買阮籍。

只有名士才可能真正理解名士，裴令公是理解他的：

阮步兵喪母，裴令公往弔之。阮方醉，散髮坐床，箕踞不哭。裴至，下席於地，哭弔畢，便去。或問裴：「凡弔，主人哭，客乃為禮。阮既不哭，君何為哭？」裴曰：「阮方外之人，故不崇禮制，我輩俗中人，故以儀軌自居。」時人嘆為兩得其中。

客人去參加喪禮，主人不哭客人哭，這種事情放在今天也是十分失禮的行為。而且，客人來弔喪的時候，阮籍還喝醉

了，他也不和客人打招呼，這是更為失禮的行為。裴令公不愧為名士，他沒有怪阮籍，他認為阮籍是世外之人，不能用一般的禮法來約束，自己是俗人，只能按俗人的規矩辦。裴令公真是阮籍的知己，他們之間的這種交往可以稱之為「道不同亦可為謀」。

阮籍不僅自己喜歡喝酒，他喝酒的愛好還影響了他的同宗兄弟們，好多阮家的子弟都喜歡喝酒。有時候許多人一起喝酒，他們覺得用杯子不過癮，就用一個很大的甕盛酒，大家圍坐在一起痛飲。這時，有一群豬看到甕裡面的酒也來喝，他們根本不在乎，只將酒的上半部分撇掉，然後繼續痛飲。

阮籍有一個侄子叫阮孚，他愛酒的程度絲毫不亞於他的叔叔，酒癮上來的時候身邊恰巧沒帶錢，他就會用帽子上的金貂去換酒。

「杖頭錢」是酒錢的雅稱，這個典故來源於另一位阮姓人物阮宣子。阮宣子出門的時候經常在手杖頭上掛一些錢，遇到酒店，他便用錢買酒喝。阮宣子性格很狂傲，他經常一個人自飲自酌，就算當時的權勢人物來拜訪他，他也不會輕易搭理。

阮籍是個曠達的人，他雖然不顧禮法，但也從來沒有做出什麼出格的事情。阮籍的鄰居就是賣酒的，老闆娘長得很漂亮，阮籍與王戎經常去這家酒店裡喝酒。阮籍喝醉後就睡倒在老闆娘的身邊。酒店的主人剛開始以為阮籍有什麼不軌的舉

動，偷偷地觀察了好久，後來並沒有發現阮籍有什麼異常的舉動。可見，阮籍的曠達是有限度的，他的曠達並不等於無恥。

阮籍的好友嵇康在文學上與阮籍齊名，在喝酒上也絲毫不亞於他，兩個人可以稱為酒史上的雙璧。

嵇康，字叔夜，他曾擔任過中散大夫，後世稱他為嵇中散。嵇康身高七尺，是個風度翩翩的美男子。竹林七賢中的另一位山濤對他的評價是：「嵇叔夜之為人也，岩岩若孤松之獨立；其醉也，傀俄若玉山之將崩。」嵇康醒著的時候脫俗，醉倒後瀟灑。山濤後來去做官了，嵇康與之絕交，並寫下了名垂千古的〈與山巨源絕交書〉。

山濤也是一個愛酒的人，他的酒量很大，喝八斗才醉倒。司馬昭曾親自試山濤的酒量，山濤飲到八斗果然醉倒了。山濤與阮籍、嵇康的關係非常好，山濤認為有資格和自己做朋友的只有阮籍、嵇康兩人，山濤的妻子也特別想瞻仰一下阮籍、嵇康的風采。某一天，兩個人來到了山濤家，山濤請他們喝酒，三個人喝了一夜，山濤的妻子一直在偷看阮籍與嵇康。第二天山濤問妻子對兩人的評價，他的妻子認為阮籍、嵇康各方面都比山濤強很多，只是山濤的度量略微勝過兩人而已，山濤很贊成妻子的評價。

有其父必有其子，山濤的第五子山簡也是一個酒徒。永嘉時期，山簡一直做到尚書左僕射的高官，他愛酒的習慣沒有因

為官職的升遷而有任何變化。據史書記載：「時四方寇亂，天下分崩，王威不振，朝野危懼，簡優遊卒歲，唯酒是耽。」山簡飲酒的原因與他的父輩阮籍等人有相似之處，都是因為對動亂現實的失望，沉醉於酒可以暫時忘卻心中的苦痛。

竹林七賢中另一位擅長喝酒的人是劉伶，他還留下了關於酒的名篇〈酒德頌〉。劉伶在〈酒德頌〉中將喝醉酒的感覺概括為「無思無慮，其樂陶陶」，這八字形象地說明了酒的忘憂作用。劉伶一生「唯酒是務，焉知其餘」，他醉後放縱曠達，不拘禮法，經常做出一些怪誕的舉動。一天，劉伶喝醉酒後在屋裡脫光了衣服，有人看到後非常鄙夷，就出言諷刺了他。劉伶說：「我哪裡沒穿衣服呢？我把天地當成大房子，將屋子當成衣服，你們這些人沒事為什麼要鑽進我的褲子來呢？」那人聽後又氣又恨，但無話可說。

劉伶外出的時候會隨身帶著酒，他還讓僕人拿著鐵鍬跟著他。他經常對僕人說：「我醉死了，你就隨便挖個坑將我埋上。」

劉伶經常飲酒，他的妻子很為他的身體擔心，多次勸說他不要喝太多，可是劉伶一直都把妻子的告誡當成耳邊風。劉太太沒辦法，只好將酒都潑到了地上，將喝酒用的器皿也給砸壞了。她哭著要求丈夫戒酒，劉伶答應了，他對太太說：「我自制力比較差，恐怕不能說到做到，我應該在鬼神面前發誓一定要戒掉酒！妳快準備祭神用的酒肉吧！」妻子聽後大喜，趕緊為劉伶準備酒

肉，妻子將酒肉放在神案前，請丈夫發誓。劉伶說：「我劉伶天生就是喝酒的，一次能喝一斛酒，喝五斗的時候才有點醉意。婦道人家的話，神仙們千萬不要聽啊！」劉伶說完後就開懷暢飲，一會兒就醉倒了。劉太太看到醉倒的丈夫也只能苦笑了。

關於劉伶醉酒還有這樣一個傳說：有一次，劉伶外出拜訪摯友張華，張華為他接風洗塵。劉伶不喝張華的酒，因為他來的時候特地帶來了京都的美酒，來請朋友品嘗。張華喝過劉伶帶來的酒後，說：「兄長帶來的京都酒味淡如水，根本不如我這裡的遂州酒酒味醇厚。」劉伶是喝酒的高手，一聞遂州酒就知道是佳釀，馬上開懷暢飲，他認為自己帶來的酒確實不行。張華告訴他，這種酒的名字叫遂州杜康，劉伶不解其意，張華就告訴了他原委。

原來酒仙杜康的八代弟子王二想開酒店，他走遍天下尋找適合釀酒的泉水，最後找到了瀑河畔的遂州。王二以此地的泉水釀酒，釀出來的酒甘美異常，王二就把這種酒稱為「遂州杜康」。劉伶聽後大喜，開懷暢飲，張華勸他少喝點，因為這種酒特別容易醉人。劉伶對朋友的話不以為然，因為他對自己的酒量很自信，認為多喝幾杯沒有什麼大不了的。劉伶一直喝到晚上，一醉不醒，張華以為他死掉了，就將劉伶埋上了。三年後，店主人向張華討還酒債，張華告訴他自己的朋友喝了他的酒已經死掉了，店主人不信，以為張華是想賴帳。張華為了證明自

己沒有說謊，就挖開了劉伶的墓。棺材打開之後，劉伶正呼呼大睡，風一吹他就醒了，劉伶還沒有坐起身子就大呼「好酒」。從此，人們又把這種酒稱為「劉伶醉」。

劉伶喝酒並不刻意地選擇對象，嵇康這樣的高士可以與他一起喝，一般的布衣百姓也可以和他喝。曾經有一次劉伶在外面喝酒，與一個酒鬼吵了起來，酒鬼教育程度不高，捲起袖子就想教訓一下劉伶。劉伶也不著急，解開了自己的衣襟，笑著說：「你看我這兩排雞肋般的肋骨，怎麼能夠承受得起你尊貴的拳頭呢？」酒鬼被劉伶的幽默逗樂了，兩個人繼續喝了起來。

後世文人對劉伶的曠達風度傾慕不已，許多人尊稱他為「醉侯」。皮日休是晚唐的著名詩人，他也是一位愛酒如命的人，他有這樣的詩句：「他年謁帝言何事，請贈劉伶作醉侯。」皮日休拜見皇帝不談別的事情，只求皇帝把劉伶封為「醉侯」，可見他對劉伶的熱愛之深，他是引劉伶為酒中知己的。陸游有詩云：「天上但聞星主酒，人間寧有地埋憂。生希李廣名飛將，死慕劉伶贈醉侯。」陸游的夢想是活著的時候有李廣的名聲，死後可以像劉伶那樣在酒史上留下名字。

竹林七賢之一的王戎也好酒。有一次，阮籍與山濤、劉伶、嵇康正喝得痛快的時候，王戎姍姍來遲了。阮籍看到王戎後說：「這個俗物又來敗壞人的興致。」王戎聽到後說：「你們的興致也是我可以敗壞得了的嗎？」說完後，幾人大笑，一起開懷

暢飲。王戎之所以被阮籍譏諷為俗物，是因為他十分吝嗇，甚至吝嗇到要將送給女兒的嫁妝要回來的地步。雖然王戎有這麼個小缺點，但他與阮籍等人的關係還是很融洽的。阮籍、嵇康兩人離開人世後，王戎想起以前和朋友們一起酣飲的日子十分感慨。王戎後來官做得很大，當了尚書令，一天他穿著官服經過從前與朋友們經常喝酒的黃公酒壚，對自己身邊的人說：「我以前與我的好朋友阮籍、嵇康經常在這個酒店裡喝酒，我也參與了他們在竹林的遊玩。自從阮籍病死、嵇康死於非命以來，我便被一些俗事所羈絆，沒有真正地開心過。今天這個酒店就在我的身邊，但良朋不在，我覺得酒店好像離我很遙遠。」「黃公酒壚」的典故充分表明了王戎對朋友的思念之情，他始終無法忘懷與朋友們暢飲的日子。

竹林七賢的風度讓後人回想不已，他們身上體現出來的風度氣質被後人概括為「魏晉風度」。酒成就了他們的美名，酒凸顯了他們的風姿，酒讓他們的生命分外精彩。

第三節　酒酣胸袒

要問最有名的寫酒的對聯是哪個，人們一定莫衷一是，若問最常見的是哪個，那非「醉裡乾坤大，壺中日月長」莫屬了。「壺中日月」指的是醉酒後美妙的感覺。酒只在喝出感覺、喝出

風度的時候才是美的，魏晉人是最善於喝酒的人，不論帝王將相還是販夫走卒，他們在飲酒時候都有一種不凡的氣質，這是魏晉人獨有的風度。

晉元帝是一個愛酒的人，他在江南的時候也經常喝得酩酊大醉。宰相王導與皇帝關係不錯，每次看到晉元帝喝醉酒的時候王導都會痛哭流涕地進諫。晉元帝答應了王導，他酣飲一次後就再也沒有喝過酒。

《世說新語》中記載過這樣一個故事：

太元末，長星見，孝武心甚惡之。夜，華林園中飲酒，舉杯屬星云：「長星，勸爾一杯酒，自古何時有萬歲天子！」

長星即彗星，在民間又被稱為掃帚星，是不祥的象徵，孝武帝看到後心裡自然很厭惡。孝武帝用飲酒的方式排解自己不適的心情，他舉杯對彗星說：「彗星，我敬你一杯酒，從古到今哪有萬歲的天子啊！」孝武帝此舉十分瀟灑，大有名士風範，非看破歷史興亡的曠達之人不能做出此舉。

周顗（西元二六九至三二二年），字伯仁，河南汝南安城人，他年輕的時候就有很大的名聲，受到了許多人的推舉。周顗是個大酒徒，他嗜酒如命，酒量很大，可以一次喝一石。他曾經連續醉了三天，當時的人都稱他為「三日僕射」。僕射，這是一種官職，相當於唐代的宰相。

東晉王朝建立後，周顗仍然天天痛飲，整日沉醉於酒鄉

中，歷史上有名的「新亭對泣」的故事就和他有關。隨著東晉政權南渡的士族官僚們每到風和日麗的日子裡，他們都會到一個叫做新亭的地方喝酒。他們喝酒的時候十分放鬆，經常是直接坐在草地上。一天，大家正喝著的時候，周伯仁感嘆道：「風景還是和以前一樣的美麗，可是我們的國家卻不一樣了！」一起喝酒的人聽後都覺得很難過，他們都淚流滿面。這時宰相王導突然臉色大變，他大聲地說：「我們更應該積極為朝廷盡忠，努力收復失地，怎麼可以像囚徒那樣哭哭啼啼的呢？」周伯仁在這裡的表現好像不如王導有風度，但他後來卻是為朝廷盡忠而死，用行動實踐了王導說的話。

　　周伯仁過江之後，依然醉的時候多，醒的時候少，他有一件事情很遺憾，那就是喝酒沒有真正的對手，一直喝得不盡興。剛好有個老朋友從北方過來，周伯仁很高興，準備了兩石美酒，兩人喝了個天昏地暗。周伯仁醒來後想去找朋友繼續喝的時候，那位仁兄早已命喪黃泉了。周伯仁將自己的酒友給喝死了，這是他的一大憾事。他的那位朋友可真當得上酒場上說的「捨命陪君子」這句話了，最後以身殉酒。

　　周伯仁雖然愛酒，在大事上卻不糊塗，多次在酒會上指責皇帝的過失。他也曾因為酒得罪過好多人，有時候甚至皇帝都想殺掉他。有一次晉元帝司馬睿在西堂大宴群臣，君臣們喝得十分痛快。酒酣耳熱的時候，皇帝對大家說：「今天名臣聚集一

堂，比堯舜的時候怎麼樣啊？」眾臣為了討好皇帝，都附和皇帝
的話。周伯仁大聲地說：「現在怎麼能比得上堯舜的時候？」周
伯仁當面讓皇帝下不了臺，元帝自然很氣憤。元帝命令將周伯
仁交給廷尉嚴懲不貸，並要求殺了他。幾天之後，皇帝的氣消
了，就下令釋放了周伯仁。他剛從監獄出來就又喝上了，一邊
喝一邊對來探望他的同僚們說：「我知道我這個罪是死不了的。」

　　周伯仁並沒有吸取這次的教訓，在喝醉了酒後仍然我行我
素。一次，丞相王導請大臣們一起喝酒，周伯仁又喝得大醉，
酒醉後的儀態非常不合朝廷的規矩。有人向皇帝反映了這件
事，皇帝知道他酒後鬧事也不是一次兩次了，就沒有怎麼處
置他。

　　周伯仁有個弟弟叫周仲智，他和兄長一樣愛喝酒。一天他
喝醉了，瞪著眼睛問自己的兄長：「你的才能不如弟弟我，在外
面的名聲卻比我大！」一會兒後，他將燃燒的蠟燭扔向自己的
兄長，周伯仁笑著說：「你小子用火攻，這個法子可不怎麼高明
啊！」

　　畢卓是另一位因酒而出名的人，他在酒史上留下了「畢卓盜
酒」的美談。

　　太興末年的時候，畢卓擔任吏部郎的官職，他因為喝酒而
荒廢了公務，因此而被免職。一天他在家中飲完酒後，已經有
了幾分醉意的他歪歪斜斜地走出門去，突然又聞到了鄰居酒店

裡的酒香，於是便走上前去悄悄打開店中的酒甕，坐在地上開懷暢飲起來。正喝得高興的時候被店主人發現了，店主人就把他當作賊捆綁了起來。店主人將他捆好後，自己就去睡覺了，畢卓就被人捆了一夜。第二天早晨，店主人才知道捆著的是一名官員，連忙為他鬆綁，並向他道歉。酒店主人聽說畢卓這麼愛喝自己的酒後，覺得很有面子，就取出美酒和畢卓一塊兒大喝起來，兩人很快就醉了。之後畢卓與酒店主人成了好朋友，兩人經常開懷痛飲，這真可謂「不綁不相識」。

國畫大師齊白石對「畢卓盜酒」的典故情有獨鍾，他對畢卓偷酒的原因給出了自己獨到的解釋：畢卓偷酒是因為他當官清廉守法，沒有錢買酒。由於歷史上留下的關於畢卓的資料不多，他偷酒的原因我們就不得而知了，齊白石對他偷酒的原因做如此的解釋，足見對他的愛之深了。白石老人多次以「畢卓盜酒」為題作〈盜甕圖〉，他在畫上的題款是：「宰相歸田，囊底無錢。寧肯為盜，不肯傷廉。」

畢卓有個很奇特的理想：他渴望得到一艘可以裝數百斛美酒的船，船的兩頭放有各種各樣可口的食物，左手舉著蟹螯，右手拿著酒杯，吟詠在酒船中。畢卓的夢想就是可以天天躺在這種酒船中優遊卒歲，他的愛酒已經成了癖。

畢卓還有一位愛喝酒的朋友，此人叫胡毋輔之。胡毋輔之，字彥國，他的年輩晚於竹林七賢，被譽為「後進領袖」。史

書上說他「性嗜酒，任縱不拘小節」，也是個愛酒如命的人。一次，胡毋輔之和自己的朋友解散頭髮、脫光衣服，將自己關在屋子裡喝酒，已經連續喝了好幾天了。一位名叫光逸的朋友想推門進來，守門的人堅決不讓他進去。光逸想了個絕招，他脫掉了衣服，對著狗窩的門叫胡毋輔之的名字，他是在罵胡毋輔之是狗。胡毋輔之只得讓人為他開門，邀他一起痛飲美酒，又不分晝夜地喝了好幾天。

有其父必有其子，胡毋輔之的兒子也是個放蕩不羈的酒徒，他經常和他父親一起喝酒，喝醉後就直接大呼小叫自己父親的名字，胡毋輔之卻對這種失禮的行為一點也不介意。

張翰，字季鷹，與阮籍齊名，當時有「江東步兵」的美稱。阮籍是個愛酒如命的人，江東的張翰自然也不例外了。張翰性情狂放，有人讓他為自己身後的名聲著想，收斂一下狂傲的個性，他說：「讓我有身後的好名聲，還不如讓我現在喝一杯美酒。」張翰的這句話說得十分瀟灑，後世的名聲是虛的，當下的幸福才是最真實的。他這種曠達的態度很受後人的讚揚，詩仙李白的「且盡生前一杯酒，何須身後千載名」，就是從張翰的這句話脫化而出的。

「盡西風，季鷹歸未」，這是辛棄疾一首詞中提到的句子，這裡涉及另一個與張翰有關的典故：蓴鱸之思。蓴指蓴菜，鱸指鱸魚，這兩樣東西都是張翰家鄉的美味。張翰仕宦在外，一

次看秋風起了，就想起了家鄉的美味，想起在家鄉就著蓴菜、鱸魚痛飲的日子，他說：「人生最重要的是要適意，哪能夠離家數千里來追求功名利祿呢！」於是就放棄仕途回家了。

周伯仁、畢卓、張翰等人是當時的名士，他們行為風雅倒也好理解。當時還有些沒受什麼教育的普通人也透過酒表現出了優雅的風度，這才是最難得的。《世說新語・任誕》中記載了一個有趣的故事：

晉成帝時，蘇峻發動叛變。許多庾姓家族的人都逃亡了，庾冰當時是吳郡的內史，他手下的官員與百姓也早已逃之夭夭。庾冰單身逃亡的時候，他身邊只有一個衙門裡的差役，這名差役用小船載著他逃到錢塘口。當時蘇峻下令手下人一定要抓住庾冰，各地盤查得都非常緊，庾冰忐忑不安，不知道自己是否能夠躲過此劫。庾冰的差役將船停在市鎮碼頭上，自己去市鎮上喝酒去了。回來後已經喝得醉醺醺，他揮舞著船槳指著船說：「哪裡去找庾冰呢？這裡面就是。」庾冰聽後，恐懼異常，嚇得一動不敢動。搜捕的人看到差役的船艙很小，不像能夠藏人的樣子，認為是差役喝醉後在發酒瘋，就一點也不懷疑這艘船了。後來朝廷平定了叛亂，庾冰想好好地報答一下自己的救命恩人，他承諾力所能及地滿足差役提出的任何要求。差役說：「我是差役出身，不羨慕那些高官厚祿。我從小苦於為別人當奴作僕，經常發愁不能痛快地喝酒。您如果能讓我後半輩子不缺

酒喝，就是對我最好的感謝了，其他的我就什麼都不需要了。」庾冰為他修了一所大房子，買來了許多奴僕伺候他，讓他家裡終年有成百石的美酒，就這樣供養了他一輩子。當時的人聽到這件事後，認為這個差役不僅有智謀，而且人生態度也很達觀。

我們要感謝《世說新語》的作者劉義慶留下了這麼精彩絕倫的故事，這位差役雖然沒有在歷史上留下名字，他的曠達和智謀足以讓他名垂千古。他不要唾手可及的富貴，卻選擇在酒鄉中度過一生，表現出了不遜於文人士夫的超然風度。

第四節　陶然忘機

陶淵明（西元三六五至四二七年），名潛，字元亮，自號五柳先生，諡號靖節先生，東晉潯陽柴桑（今江西九江）人，中國古代著名的文學家。彭澤好酒已為世人所熟知，而陶淵明做過彭澤的縣令，據學者統計：在陶淵明的所有詩歌中，涉及「酒」的就差不多占了一半。陶淵明還專門寫了一組〈飲酒〉詩，這些詩歌在後世影響極大，陶淵明可以說是中國詩歌史上第一個專門詠酒的人。陶淵明為酒取了許多雅稱，這些雅稱一直流傳文史、酒史。陶淵明在〈飲酒〉詩第七首中說：「泛此忘憂物，遠我遺世情。」從此「忘憂物」就成了酒的別號。陶淵明在他的自傳性散文〈五柳先生傳〉中充分描寫了自己對酒的愛好，他說：

「性嗜酒,家貧不能自得。親舊知其如此,或置酒而招之。造飲輒盡,期在必醉,既醉而退,曾不吝情去留。」陶淵明自己喜歡喝酒,但由於家貧不是總能喝得到,他的朋友就請他喝酒,陶淵明每次都會喝得大醉。可見,想當陶淵明的朋友,首要的一個條件就是會飲酒。

陶淵明的曾祖父是東晉著名的大臣陶侃,他曾挽救過東晉王朝於危亡之中。陶侃也是個愛酒的人,陶侃雖然愛酒但喝酒從不過量,別人問他原因,他說:「年輕的時候曾經因為喝酒而誤事,我的母親就給我定下了喝酒不過量的規矩,母親雖然不在了,但我不敢忘記她的教誨。」陶淵明除了愛酒的曾祖父外,還有一位愛酒的外公孟嘉。陶淵明幼年生活十分不幸,他九歲喪父,孤兒寡母都在外祖父家裡生活。孟嘉是當時的名士,《晉故征西大將軍長史孟府君傳》這樣記載他:「行不苟合,年無誇矜,未嘗有喜慍之容。好酣酒,逾多不亂;至於忘懷得意,旁若無人。」孟嘉喜歡飲酒,且酒量很大,他在酒史上留下「龍山落帽」的美談。

東晉永和年間,桓溫被朝廷任命為大將軍,孟嘉是他手下的參軍。有一年重陽佳節,桓溫在龍山大宴賓客。孟嘉是一位嗜酒如命的人,他喝得正興高采烈的時候,一陣風颳來,將他的帽子吹掉了。孟嘉一點感覺都沒有,還津津有味地喝著,一邊喝一邊還與其他的客人高談闊論。桓溫看到這一情景後,暗

暗地讓一位叫孫盛的人趁孟嘉如廁之際將孟嘉的帽子取回來放到孟嘉的座位上，孫盛還於席間作文嘲笑孟嘉。孟嘉回到酒席後看到了自己的帽子，立刻明白了怎麼回事，他立即作文與孫盛對答。孟嘉知識淵博，語驚四座，參加酒會的人無不嘆服。不愛酒的人是很難理解酒徒的愛好的，桓溫曾經請教孟嘉酒有什麼好處，使得那麼多人愛喝酒，孟嘉說：「你這樣問只能說明你沒有搞懂酒中的趣味啊！」李白的論酒名句「但得醉中趣，勿為醒者傳」就是來源於孟嘉與桓溫的對話。

陶淵明繼承了曾祖父與外祖父愛酒的基因，他的愛酒較之兩位父輩更勝一籌，他在酒史上的名聲也更大。著名學者袁行霈是這樣評價陶淵明的飲酒的：「他飲酒是飲出深味的，他對宇宙、人生和歷史的思考所得出的結論，他的這些追求那種物我兩忘的境界，返歸自然的素心，有時就是靠著酒的興奮與麻醉這雙重刺激而得來的。」可謂一語中的。

陶淵明為了解決自己的生計問題，曾當過幾任小官，最後一次做的是江西彭澤縣的縣令。陶淵明一上任，就讓自己的屬下將公田全部種上用於釀酒的糯稻。陶太太不同意，她認為人最重要的是吃飯而不是喝酒，所以她認為應該種植普通的稻子。陶淵明說服不了太太，太太也說服不了他，兩個人只好各退一步，糯米和普通的稻子各種了一半。每當酒發酵成熟後，酒上面會漂浮著一些渣滓，陶淵明就取下自己頭上戴的葛巾過

濾酒的渣滓，濾完再戴到頭上。陶淵明好酒的名聲很大，連和尚都不得不對他讓步。盧山東林寺的慧遠是當時有名的高僧，他曾經邀請陶淵明去做客。陶淵明答應去，但有一個前提條件，必須允許他喝酒。酒是僧人的第一大戒，寺院是禁止飲酒的，但慧遠大師還是破例答應了陶淵明的要求。

陶淵明經常邀請朋友喝酒，他十分隨意，喝得快醉的時候，他就對朋友說：「我喝醉了，你有事情就可以回去了。」朋友們都了解陶淵明的性格，看到他喝醉了就離開了。陶淵明喜歡飲酒，但因為家窮，他並不是經常可以喝到酒。

有一年的重陽佳節，陶淵明沒有酒喝，心情特別的鬱悶，他只能坐在宅邊的菊花叢中聊以自慰。正在無聊的時候，他看到遠遠地過來了一個穿白衣服的人，原來是江州刺史王弘派身著白衣的人來送酒給他。陶淵明別提有多開心了，想喝酒的時候有人來送酒，無異於雪中送炭。隨即開懷痛飲，盡醉而歸。後人就用「白衣送酒」的典故來表達與「雪中送炭」同樣的意思。

陶淵明有位名叫顏延之的好友，不僅是位詩人，還是位很有名的酒徒。據史書記載，皇帝有一天有事要找顏延之，傳了好幾次詔都還看不見他的人影，原來他在酒店中喝醉了，第二天酒醒後他才去見皇帝。某天顏延之來看望陶淵明，見陶淵明日子過得十分清苦，就留下了兩萬錢用來接濟他的生活。朋友走後，陶淵明就把錢全部送到了酒店裡，這樣他就能隨時去酒

店喝酒了。顏延之送來的錢自然沒有解決陶淵明的生活問題，也許顏延之本來就知道陶淵明會這麼做吧！因為只有愛酒的人才真正理解酒徒的心理。

陶淵明創作了一組名為〈飲酒〉的組詩，共二十首，這些詩是中國詩歌史上的不朽傑作，陶淵明在這組詩的序言中說：

> 餘閒居寡歡，兼比夜已長，偶有名酒，無夕不飲。顧影獨盡，忽焉復醉。既醉之後，輒題數句自娛。紙墨遂多，辭無詮次。聊命故人書之，以為歡笑爾。

陶淵明閒居在家，沒有什麼值得高興的事情，再加上臨近冬季，天氣變得日短夜長了，只要身邊有好酒，就一定要喝個痛快。一個人喝酒，只有自己的影子與自己做伴，很快就喝醉了。他喜歡喝醉後寫些詩自娛自樂，時間一長，積攢下了許多，就讓自己的老朋友幫忙整理下來。茲選錄兩首〈飲酒〉如下：

> 有客常同止，取捨邈異境。一士長獨醉，一夫終年醒；
> 醒醉還相笑，發言各不領。規規一何愚，兀傲差若穎。
> 寄言酣中客，日沒燭當秉。

詩的字面意義是說，有兩個常住在一起的人，他們的人生志趣完全不同：一個人常年飲酒沉醉，另一個不飲酒終年清醒，兩個人彼此互相嘲笑，誰也不能夠說服對方。其實「長獨醉」與「終年醒」象徵了兩種不同的人生態度，這首詩表面是在講酒，

實際上卻是在講人生：沉醉於酒中的人正是陶淵明自己人格的寫照，他雖沉醉於酒，但卻可以看清世間的一切，雖然沉醉卻是真正的清醒者；終日清醒的人是與黑暗的社會同流合汙的人，這些人是陶淵明的對立面，是他諷刺的對象，這種人看似清醒得很其實卻渾渾噩噩。「寄言酣中客，日沒燭當秉」，這裡的「酣中客」不僅指陶淵明，還指和他抱有同樣志趣的人，「日沒燭當秉」表面上是說晚上也要秉燭喝酒，深層含義則是要時刻堅守自己高尚的情操。

> 故人賞我趣，挈壺相與至。班荊坐松下，數斟已復醉。
> 父老雜亂言，觴酌失行次。不覺知有我，安知物為貴。
> 悠悠迷所留，酒中有深味！

陶淵明的老友欣賞他的興趣愛好，提著酒壺來找他一起喝酒。那些淳樸憨厚的鄉下朋友們「挈壺」而至，將荊條鋪在樹下，大家團團圍坐在松樹下，開懷暢飲，都喝得醉醺醺的。父老鄉親們隨便談笑，喝酒的時候都不在乎那些拘束人的禮法了，一派鄉間獨有的古樸風情。「不覺知有我，安知物為貴，悠悠迷所留，酒中有深味。」在朦朧的醉意中，人的自我意識消失了，外物更不縈於胸中，詩人進入了物我兩忘的境界。因此，陶淵明在這裡實際上是說自己在詩酒相伴的生活中、在與「故人」共醉的樂事中悟得了自然之理，而此中的「深味」是奔趨於名利之場的人難以體會的。

　　陶淵明是中國歷史上著名的隱逸詩人，他躬耕田園的舉動許多人都不理解。義熙末年，有一個老農清晨叩門，帶酒與他同飲，讓他出山做官，老農的理由是：「襤褸屋簷下，未足為高棲。一世皆尚同，願君汩其泥。」衣衫襤褸的生活實在是太辛苦了，世道是那麼的是非不分，老農勸陶淵明收斂一下自己的個性，不妨與世俗同流合汙。陶淵明謝絕了老農的好意，他說：「深感老父言，稟氣寡所諧。紆轡誠可學，違己詎非迷？且共歡此飲，吾駕不可回。」陶淵明首先感謝了老農對自己的好意，因為老農勸他出來做官是為他的生活處境著想。陶淵明認為自己的個性與世俗不合拍，農村的生活雖然艱苦，但自己可以慢慢地習慣，違背自己本性的事情是不會做的。陶淵明讓老農不要再勸了，還是開懷暢飲吧！「久在樊籠裡，復得返自然」，陶淵明不會再往火坑裡跳的。

　　據說九江境內有陶淵明埋的酒，有個農民挖地的時候發現了一隻石盒子，石盒子內有一個有蓋的銅製酒壺，上面刻了十六個字：「語出花，切莫開，待予春酒熟，煩更抱琴來。」人們懷疑這酒時間太久了，不能喝了，就全部倒在了地上，結果酒香數月不散。在陶淵明居住的那個地方，有一塊叫做醉石的大石，據說陶淵明喝醉的時候喜歡躺在這塊石頭上。這些都是後人對陶淵明愛酒的美好附會，借此表達對大詩人的愛戴之情。

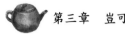 第三章　豈可一日無此君—文人的酒情懷

第四章　醉臥沙場君莫笑
　　　　—— 酒杯中的大唐

第一節　酒中詩仙

中國歷史上的詩人成千上萬，最有名的無過於詩仙李白。李白（西元七〇一至七六二年），字太白，號青蓮居士，有「詩仙」之稱，中國文學史上偉大的浪漫主義詩人。李白是詩人中的驕子，也是民族文化的驕傲。李白一生愛酒，他不僅是詩仙，更是酒仙。唐代的另一位大詩人同時也是李白摯友的杜甫對他的評價是：「李白斗酒詩百篇，長安市上酒家眠，天子呼來不上船，自稱臣是酒中仙。」此語堪稱知己之言。李白的詩歌中的好多篇章都飄滿了酒香，也留下了許多的關於酒的名句，至今仍膾炙人口。

　　天若不愛酒，酒星不在天；
　　舉杯邀明月，對影成三人；
　　抽刀斷水水更流，舉杯消愁愁更愁；
　　人生得意須盡歡，莫使金樽空對月；
　　自古聖賢多寂寞，唯有飲者留其名；
　　且樂生前一杯酒，何須身後千載名；
　　人生飄忽百年內，且須酣暢萬古情；
　　唯願當歌對酒時，月光長照金樽裡；
　　黃金白璧買歌笑，一醉累月輕王侯；
　　金樽清酒斗十千，玉盤珍饈值萬錢；
　　風吹柳花滿店香，吳姬壓酒喚客嘗；

蘭陵美酒鬱金香，玉碗盛來琥珀光；

身後堆金拄北斗，不如生前一樽酒；

孤猿坐啼墳上月，且須一盡杯中酒；

窮愁千萬端，美酒三百杯；

　　李白詩中此類關於酒的名句舉不勝舉。若要推舉一位名人當中國酒文化的代言人，捨酒仙李白之外更無他人。許多畫家更是以李白醉酒為題材創作了許多精美的藝術珍品，如明代畫家杜菫的〈古賢詩圖〉，現代畫家陳學霖的〈李白醉酒圖〉，等等。

　　李白的詩歌中有太多的酒香，以至於後人有時會誤會他，認為他只知道享用美酒，不像他的朋友杜甫那樣憂國憂民。在宋代，李白的地位一直不如杜甫高，很大程度上是酒影響了他的名聲。中國歷史上著名的政治家和文學家王安石，就是一個對李白好酒持有偏見的人。他的意見在宋代很有代表性。看惠洪《冷齋夜話》中記載的他對李白的評價：

　　舒王以李太白、杜少陵、韓退之、歐陽永叔詩編為《四家詩集》，而以歐公居太白之上，世莫曉其意。舒王嘗曰：「太白詞語迅快，無疏脫處；然其識汙下，詩十句九句言婦人酒耳。」

　　舒王就是王安石，他編詩集的時候將歐陽修放在李白之上，其他人都不明白他的意思。他給出的理由是，李白沒有什麼高遠的見識，十首詩中有九首寫婦人與酒。王安石的觀點在宋代很有代表性，許多人批評李白都是繼承了他的觀點。

真是成也酒，敗也酒，酒連累了李白在宋代的名聲。然而若李白地下有知的話，他肯定會對王安石的評價付之一笑，然後瀟灑地舉起酒杯。

　　因為後來的歷史證明，酒不但沒有連累他的名聲，反而成為李白美名的標籤。有些人因為愛李白的詩歌，因而愛上酒的；有的人則相反，因為李白愛喝酒才喜歡上李白的詩歌。李白與酒的關係真是「剪不斷，理還亂」。

　　在民間，酒仙李白的名氣遠比詩仙李白的名氣要大。以「太白酒樓」命名的酒店何止幾百家，好多酒家的牌匾上都寫著「太白遺風」的字樣，甚至酒店門框上的對聯還有「太白來此亦要下馬」等語句。

　　余光中先生是當今著名的詩人，他非常喜歡李白，作了一首〈尋李白〉的長詩，詩意地描繪了詩仙李白的形象：

> ……
> 自從那年賀知章眼花了
> 認你作謫仙，便更加佯狂
> 用一隻中了魔咒的小酒壺
> 把自己藏起來，連太太也尋不到你
> 怨長安城小而壺中天長
> 在所有的詩裡你都預言
> 會忽然水遁，或許就在明天

只扁舟破浪，亂髮當風
樹敵如林，世人皆欲殺
肝硬化怎殺得死你？
酒入豪腸，七分釀成了月光
餘下的三分嘯成劍氣
繡口一吐，就半個盛唐
……

在後人的眼中，詩與酒在李白身上是一體的，缺少了哪一樣都不是完整的李白。

盛唐詩酒無雙士；青蓮文苑第一家。

醉酒花間，磨針石上；倚劍天外；掛弓扶桑。

長安市上酒家眠，醉後敢將天子欺；采石磯頭明月好，當年猶說謫仙歸。

這是三副寫李白的對聯，裡面都提到了酒，可見沒有酒，李白也就不能稱其為李白。

李白人生的第一個知己是賀知章。賀知章（西元六五九至七四四年），字季真，號四明狂客，唐代著名詩人。李白剛從家鄉來到長安，舉目無親，先在客店裡面安身。賀知章久聞李白的大名，主動去客店拜訪李白。兩人一見如故，彼此都覺得相見恨晚。當時賀知章年齡已經很大了，他與李白的這段友誼可以稱為忘年交。李白將自己的〈蜀道難〉拿給賀知章看，賀知章

還沒有讀完就讚嘆不已，說李白不是凡人而是天上貶謫下來的神仙。從此，後世人又稱李白為「李謫仙」。朋友相逢，沒有酒怎麼可以呢？何況李白與賀知章都是嗜酒如命的人。賀知章邀請李白去酒肆中飲酒，兩人一邊喝一邊談論詩文，十分投機。要結帳的時候難堪的事情發生了，賀知章發現自己沒有帶錢。李白想付帳，賀知章自然不答應。他解下自己衣服上作為裝飾品的金龜來做抵押，兩人高興地離開了酒店。李白對賀知章「金龜換酒」的舉動十分感動，賀知章去世多年後他還記憶猶新。就這樣，剛到長安，李白就喝了一頓開心酒。

賀知章去世後，李白滿含深情地寫下了兩首〈對酒憶賀監〉，懷念自己的老朋友，懷念與賀知章在長安暢飲的歲月。〈對酒憶賀監〉的第一首是這樣寫的：

四明有狂客，風流賀季真。長安一相見，呼我謫仙人。
昔好杯中物，翻為松下塵。金龜換酒處，卻憶淚沾巾。

以前與自己把酒言歡的老朋友變為了松下的塵土，李白回憶起賀知章對自己「金龜換酒」的深情，怎能不肝腸寸斷。良朋不在，唯有痛飲美酒，以告慰朋友在天之靈。

唐玄宗任命李白做了翰林學士，他很感激皇帝的知遇之恩，但內心也有說不出的苦悶。李白胸懷大志，以拯救天下蒼生為己任，皇帝卻只把他當文學侍從看待。李白心裡非常不滿，卻無可奈何。因此他經常去長安酒店裡喝酒解悶，也因此

結識了許多朋友，後來杜甫在〈飲中八仙歌〉中把他們稱作「飲中八仙」。他們是李白、賀知章、李適之、李璡、崔宗之、蘇晉、張旭、焦遂。這八個人從王侯將相到平民布衣，各種身分的人都有。儘管身分不同，在酒面前他們卻是平等的。這七個人都是李白的酒中知己。

直到後來，李白因為捲入了永王的叛亂而流放夜郎，在這人生的最低谷，他也沒有忘懷自己早年醉臥長安的歲月。他在一首名為〈流夜郎贈辛判官〉的詩中這樣回憶當年在長安的生活：

昔在長安醉花柳，五侯七貴同杯酒。
氣岸遙凌豪士前，風流肯落他人後。

夜郎在今天的新晃侗族自治縣，至今這裡還是很偏僻的地方，唐代更是荒涼。李白被流放到那種地方，可以說是九死一生。但李白並沒有悲觀，那些在長安與朋友暢飲的開心時光是李白寂寞旅途最好的夥伴。

在任翰林學士的時候，李白就因酒而留下了很多美談。一天，唐玄宗對高力士說：「這樣的良辰美景，哪能僅僅聽聽音樂呢？如果有高才的人寫首詩來讚美一下，足可以讓後人無限羨慕。」於是皇帝命人召李白進宮。當時李白正在寧王府中飲酒，已經喝得酩酊大醉了。李白來到宮中，酒還沒有完全醒，走路還是搖搖晃晃的。李白向皇帝行禮，說：「寧王賜給臣酒喝，現在微臣已經醉了。請陛下賜臣無罪，我才可以放開膽量作詩。」

唐玄宗答應了。李白因為喝醉了身子不穩，皇帝就命兩個太監攙扶著他，皇帝還讓人將筆墨紙硯都給準備好。李白略加思索，拿起筆來一揮而就，一首首華美的詩歌就從筆端流洩出來了。唐玄宗本人的藝術素養就不低，他看到李白這麼快就可以寫出優美的詩篇，讚嘆不已。

還有一次，唐玄宗正與楊貴妃在御花園中賞牡丹，讓一幫梨園子弟奏樂。皇帝與楊貴妃暢飲美酒，十分開心。楊貴妃自然是會喝酒的，要不怎麼會有「貴妃醉酒」的典故呢？皇帝心想，對著美若天仙的楊貴妃，觀賞著豔麗的牡丹花，再唱以前的詞不合適，應該讓人填寫新詞。於是唐玄宗讓人傳令李白進宮。此時的李白正在長安的酒肆上喝得酩酊大醉，來找李白的官員也就不管他是醉是醒了，半推半拉地將李白弄到了皇帝身邊。唐玄宗對李白十分看重，有資料記載了兩個有趣的細節，真實性很可疑，茲摘錄於下以饗讀者：

李白騎在馬上兩眼緊閉，酒還沒有醒。唐玄宗親自來到李白身邊，見李白口流涎沫，皇帝用自己的袖子抹去李白吐出的東西，這就是歷史上有名的「龍巾噬吐」的典故。還有的資料說皇帝親自為李白餵醒酒湯，歷史上叫「御手調羹」。這些都是後人的美好想像了。李白酒醒後毫不費力便寫出了名垂千古的〈清平調〉三首。

酒有時候可以成為文人的興奮劑，酒後的文人寫出的詩常

常比平時寫出的更優美。李白成為詩仙，他的詩歌飄逸靈動，酒發揮了一定的作用。有一則史料記載了李白的另一個綽號，那就是「醉聖」。

　　李白每大醉為文，未嘗差誤，與醒者語，無不屈服，人目為醉聖。

　　筆記小說《開元天寶遺事》關於李白「醉聖」的稱呼有相似的記載。

　　李白嗜酒，不拘小節。然沉酣中所撰文章，未嘗錯誤；而與不醉之人相對議事，皆不出太白所見。時人號為「醉聖」。

　　這則史料中提到的「文章」自然包括詩，李白在醉中寫的文章沒有什麼錯誤，一方面固然是李白才情的高妙，另一方面也得力於酒的催化。

　　可見李白擅長酒後為文，這是當時許多人的共識。

　　李白愛喝酒，他有時候覺得很對不住自己的夫人，就寫了一首很俏皮的〈贈內〉詩給自己的夫人。

　　三百六十日，日日醉如泥。雖為李白婦，何異太常妻？

　　文學家說的話都是要打折扣的，這首詩也是這樣，李白是不可能一年到頭都爛醉如泥的。他是在跟自己的妻子開玩笑，因為自己愛喝酒，他對自己的妻子感到有些抱歉。「太常妻」用的是東漢人周澤的典故，指經常見不到丈夫的妻子。這首詩一

方面表達了李白對妻子的愧疚之情，另一方面也包含了對妻子理解自己的欣慰之情。

李白被皇帝賜金放還後暢遊齊魯，遇到了杜甫，二人結下了深厚的友情。李白、杜甫，一個詩仙，一個詩聖，他們的相遇是唐代文化的幸事，也是中國文學的幸事。二人一塊遊覽名勝古蹟，一塊暢飲，日子過得十分爽快。當時的杜甫還沒有日後的名聲，他是將李白視為詩壇前輩來尊敬的，他在〈與李十二白同尋範十隱居〉中形象地描述了兩個人的親密關係：「余亦東蒙客，憐君如弟兄。醉眠秋共被，攜手日同行。」兩人白天攜手同行，喝醉酒後同榻而臥，這種友誼讓人神往。俗話說「文人相輕」，這句話在別人身上或許合適，但用在李白與杜甫身上是不合適的，他們兩個一直是相互欣賞和尊敬的。

杜甫在〈贈李白〉中寫道：

秋來相顧尚飄蓬，未就丹砂愧葛洪。
痛飲狂歌空度日，飛揚跋扈為誰雄？

飄蓬是一種草本植物，葉子與柳樹葉長得差不多，開白色小花，這種植物在風中隨風飄蕩。飄蓬多用來形容人的行蹤飄忽不定。當時李白、杜甫都在仕途上失意，沒有什麼固定的歸宿，兩人的命運都與飄蓬差不多。葛洪是東晉著名的道士，擅長煉丹，李白、杜甫在道教修為方面都沒有什麼成就，所以覺得「愧葛洪」。「痛飲狂歌空度日」，杜甫概括了李白的生活，這是十分準

確的。杜甫不僅知道李白愛喝酒，更明白李白喝酒是因為心中有難言的痛，他每天痛飲美酒無非是為了消磨日子，在酒精的麻醉中暫時忘記自己的痛苦。可見，杜甫不愧是李白的人生知己。

兩人分離後再也沒有見過面，杜甫寫了許多懷念李白的詩歌，他對李白與酒的關係有著極為深刻的認識，他在〈不見〉這首詩中寫道：「敏捷詩千首，飄零酒一杯。」杜甫不僅是李白的詩中知己，也是李白的酒中知音。李白得遇杜甫，何其幸也！

李白乘舟將欲行，忽聞岸上踏歌聲。

桃花潭水深千尺，不及汪倫送我情。

這首〈贈汪倫〉是李白流傳最廣的詩篇之一，汪倫是什麼人，他與李白是怎麼認識的，這些沒有具體的資料記載。後代的文人發揮自己大膽的想像，編寫了一個關於友情的優美故事。

據說汪倫是位隱士，喜歡交朋友，他的家離桃花潭很近。他久仰李白的大名，很想結識他，就寫了一封信給李白：「先生好遊乎？此地有十里桃花。先生好飲乎？此地有萬家酒店。」汪倫的這封信十分對李白的胃口，李白除了愛酒之外，另一大愛好就是旅遊，用他自己的詩來說是「五嶽尋仙不辭遠，一生好入名山遊」。李白抱著觀桃花、飲美酒的願望來了，卻沒有見到什麼桃花。汪倫對李白解釋道：「十里桃花指的是十里外的桃花渡；萬家酒店指的是桃花潭西有家姓萬的人開的酒店。」李白聽了汪倫的解釋後，大笑不已，他明白了汪倫對自己的友情。李白與

汪倫成了很好的朋友，兩人在一起痛飲美酒，十分開心，過了好多天，李白才依依不捨地離開。李白走的這一天，汪倫來到渡口相送，李白感慨萬千，寫下了名垂千古的〈贈汪倫〉。

李白的愛酒是發自內心的，他的酒友多種多樣，他可以與王侯將相喝酒，也可以與布衣平民喝酒。因為酒，李白與一位釀酒的老師傅結下了深厚的友情，老師傅去世後，李白還寫了一首詩懷念他，這首詩的名字叫〈哭宣城善釀紀叟〉。

紀叟黃泉裡，還應釀老春。夜臺無李白，沽酒與何人？

這首詩沒有什麼華麗的辭藻，明白如話，但這首詩蘊涵的感情卻是真摯而深厚的。李白在詩中說，這位釀酒的老人家在黃泉之下肯定還會再釀酒，只是沒有了李白這樣的酒客，你造酒又可以賣給誰呢？李白是這位釀酒老人的知己，李白認為別的人根本不能欣賞這位老人家釀出的美酒，好像姓紀的這位老人家在專門為李白一個人釀酒。這位老人家有詩仙這麼一位知己，定可以含笑九泉了。

後人不能接受偉大李白平凡死去的結局，就杜撰了一個李白「入水捉月，騎鯨升天」的浪漫故事。李白是太愛酒了，後人讓他的死也與酒密不可分，讓酒伴隨他的一生。正如郭沫若先生所說：「李白真可以說是生於酒而死於酒。」

傳說李白在長江邊的采石磯上喝醉了酒，看到水中的明月亮得耀眼，詩人喝醉了，以為天上的月亮掉進了水裡。李白最愛月

亮，他的詩中出現最多的意象之一也就是月。他看到心愛的月亮掉進了水中，就想將它撈起來，縱身一躍跳進了江中。這時有一條鯨魚從江中飛躍而起，天空中仙樂繚繞，一代詩仙騎鯨上天了。

　　李白好酒的名聲與他的詩歌一樣，都在後世有著廣泛的影響，後世許多人都想有李白這樣的酒友。唐伯虎是明朝的著名畫家，他與祝枝山、張夢晉等人都狂放不羈。唐伯虎曾經與朋友在下雪天扮作乞丐乞討，討來的錢全部換成了美酒，他與朋友們在野外的寺廟中痛飲，他們一邊喝一邊感慨道：「咱們飲酒的快樂可惜李白不知道！」若真的可以時光穿梭的話，唐伯虎一定會成為李白的酒中密友。何止唐伯虎，誰不想陪李白喝酒啊！寫作〈長生殿〉的著名戲劇家洪昇是喝醉酒後掉進水中淹死的，這與傳說中李白的死何其相像啊！

第二節　飲酒不愧天

太宗雅量

　　若要列舉中國歷史上最偉大的皇帝，唐太宗李世民肯定是候選人之一。他繼位後與民休息，愛惜百姓，開創了中國歷史上有名的「貞觀之治」。李世民是一位雄才大略的皇帝，同時他也是一位愛酒的皇帝。

說起自來水，大家都不陌生，若提到「自來酒」，許多人肯定會不明所以。古人飲酒，經常花樣翻新，在唐代尤其是這樣。「自來酒」就是唐代宮廷的飲酒新花樣。所謂「自來酒」，是指美酒可以透過管道像水一樣源源不斷地流到酒宴上，流淌到客人的杯子裡，很像今天的自來水。唐太宗特別喜歡用這種方式宴請群臣，他真是一個可愛的愛酒皇帝。他不僅用這種「自來酒」宴請群臣，還用它來招待少數民族。少數民族一般都特別擅長飲酒，但是遇到大唐這種源源不竭的「自來酒」之後，也只能甘拜下風。

　　第一次招待的是來為朝廷進獻禮品的回紇使臣，時間是貞觀三年（西元六二九年）。大殿前臨時搭起一個高坫臺，臺上放著一個巨大的銀瓶，大殿左方埋有地下管道。美酒通過管道直通臺下，再往上湧入大銀瓶中。銀瓶下方也設有管道，透過管道，美酒流入客人的酒杯中。這場酒宴的規模是空前的，當時赴宴的遊牧部落使團有好幾千人，他們對大唐皇帝熱情周到的接待十分感激，幾千位酒量驚人的少數民族敞開肚皮喝。喝到最後，卻還有一半的酒沒有喝完。十年後，唐太宗又舉辦了第二次這樣的酒會，招待北方遊牧民族首領。「自來酒」，正是大唐氣象的一個縮影。

　　李世民不僅喜歡舉辦酒會，他還喜歡品嘗自己臣子釀的美酒。魏徵是李世民的重臣，他直言敢諫，經常幫助皇帝改正錯

誤、彌補過失，李世民很敬重他。魏徵還有一項絕活，那就是釀酒，他釀的酒還不是一般的酒，而是葡萄酒。葡萄非中土所產，張騫通西域後才流傳到中土。在唐代葡萄仍然是少數人才能夠享受到的稀罕物，葡萄酒就更屬珍品了。魏徵釀酒的手藝絲毫不亞於他的治國才能，李世民喝過他釀製的葡萄酒後十分陶醉，寫詩讚美道：

醲綠勝蘭生，翠濤過玉薤。千日醉不醒，十年味不敗。

「蘭生」是漢武帝時一種美酒的名字，「玉薤」是隋煬帝時一種美酒的名字，唐太宗認為魏徵釀的葡萄酒比歷史上的這兩種名酒都更勝一籌。「千日醉不醒」，雖然是誇張的說法，卻也說明酒的品質好；「十年味不敗」，說明酒味醇厚，經久不散。李世民與魏徵不僅是相互敬重的君臣，還是親密無間的酒友。當時葡萄酒釀造最發達的地方是西域，魏徵是如何學會這門手藝的，就不得而知了。

唐太宗有一場酒會與房玄齡的夫人有關，這次酒會還誕生了一個典故：「吃醋」。

房玄齡是唐太宗最得力的謀士，他追隨唐太宗三十多年，立下了無數汗馬功勞。唐太宗為了犒賞勞苦功高的房玄齡，決定賞賜給他幾名美女。可是令皇帝意想不到的是，房玄齡居然推辭不受。原來，房玄齡的夫人非常潑辣，房玄齡很怕自己的夫人，所以不敢接受皇帝的賞賜。唐太宗聽了之後很生氣，讓

人把房夫人傳進宮來，決定好好地教訓她一下。

房夫人一進門，太宗責備她說：「妳也太過分了吧，朕賜給房愛卿幾個美女，妳也敢不讓他接受？」房夫人說：「老賊以前混得不好的時候，我都沒有一絲怨言。現在發達了，就想寵愛別的女人，門兒都沒有！」皇帝大怒，讓人端來一杯毒酒，威脅房夫人，如果她改不掉嫉妒的毛病，就用毒酒賜死她。哪想她二話沒說，一揚脖子就把毒酒喝光了，喝完就回家等死。太宗目睹此景後目瞪口呆。當然，房夫人沒有死掉，因為她喝的不是毒酒，而是醋。太宗無可奈何，只得對房玄齡說：「你的夫人連死都不怕，朕也無能為力了，你只能怪你自己沒有豔福了。」

明皇風流

唐代的皇帝除了太宗李世民外，要數唐玄宗李隆基的名聲最大了。他也是個懂酒、愛酒的君王。《太平廣記》記載了一個關於唐玄宗的故事，大意是這樣的：

唐玄宗還是藩王的時候，經常在長安城南遊玩，有一次他與手下在外面打獵，玩得很開心，天都已經很晚了還沒有回去。李隆基和他的隨從又渴又餓，十分疲倦，只得暫時在村中的一棵大樹下休息。這時有個書生邀請李隆基去他家裡做客，李隆基很高興，跟隨書生到了他家裡。書生家徒四壁，十分窮困，家裡除了妻子之外就只有一頭驢了。把李隆基請到家裡

後，書生就將驢子殺掉，還準備了美酒招待他。李隆基覺得這個書生磊落不凡，語出驚人，就與他開懷暢飲起來。這個書生就是後來玄宗的重臣王琚。以後，李隆基每次出來遊玩的時候都要來王琚家，王琚說的話都很合他的心意。後來，李隆基用王琚的謀略滅掉了專權的韋皇后，王琚也因此當了大官。

一次邂逅小酌，讓李隆基得到了大臣王琚；王琚也因為一次小酌，改變了自己的命運。酒，成了唐玄宗與王琚君臣遇合的紐帶。

登基之後的李隆基，風度更是不減反盛。有一次他登樓眺望渭水，看到一位喝醉酒的人倒在河邊，就問那個人是誰。擅長講笑話的黃幡綽應聲答道，是個將要任滿的令史。玄宗感到很奇怪，就問他是如何知道的，黃幡綽回答說：「他再經過『一轉』，就可以『入流』了，所以臣說他是令史呀！」他的意思是說，這個人喝醉了酒，再一轉彎就會掉進河裡去。這裡還涉及一個和令史這個官職有關的掌故。原來按照唐朝的官制，令史是隋唐中央機關非正式編制的辦事人員，按現在的話講就是臨時工。古代官制規定：九品之上的叫「流內」，九品以下的叫「流外」，常用的「不入流」的典故就是從這裡來的。令史，只要升一級，就可以「入流」，成為正式的官員了。那位喝醉酒的仁兄身子「一轉」，就可以「入流」了，不過可不是當什麼官，而是進入渭水了。

女皇詩酒

　　武則天是中國歷史上唯一的女皇帝，她雖然將大唐的國號改為「周」，後世的歷史學家還是將她作為唐朝的統治者看待。武則天是一位愛好文藝的人，她經常舉辦酒宴招待文學家，有時候還在酒宴上品評詩人作品的高低。她的酒宴，還有李世民酒宴的遺風。

　　武則天有一次在龍門這個地方舉辦了一個酒會，到會的都是些詩人，詩人們一邊喝酒一邊作詩，興致很高。武則天規定，誰的詩歌寫得又快又好，誰就可以得到一領錦袍。詩人們一聽作詩還有獎賞，都絞盡腦汁地思考了起來。左史東方虬憋足了一口氣，第一個交卷，獲得了錦袍，高高興興地穿在身上。東方虬交卷後不久，宋之問也交卷了，武則天一看，宋之問的速度雖然比東方虬慢了一點，詩歌的優美卻不可同日而語。女皇龍顏大悅，馬上命人將錦袍從東方虬身上脫下來，轉賜給宋之問。可憐的東方虬，錦袍在身上還沒捂熱呢！落了個竹籃打水一場空。

大酺解酒禁

　　古代是農業社會，百姓是不允許經常聚會飲酒的，因為這樣既會耗費糧食，又會損害正常的農業生產。古代的皇帝就經常透過一種叫「大酺」的形式，暫時解除對百姓的酒禁。大酺，

有時候也稱為賜酺，是皇帝在遇到改朝換代、冊立太子、冊封皇后、公主出嫁、天降祥瑞的事情時，特許百姓聚飲的日子。大酺，發源於秦朝，在唐代最為盛行。

唐代的許多皇帝都舉行過大酺，這裡列舉幾例：西元六九四年五月，武則天加尊號為「越古金輪聖神皇帝」，大酺七日；西元六九六年，武則天加尊號為「天冊金輪聖神皇帝」，大酺九日；唐中宗女兒安樂公主出嫁，大酺三日；開元三年春正月，玄宗立皇太子，大酺三日；唐玄宗加尊號為「開元聖文神武皇帝」，大酺五日；唐睿宗時，李淵舊宅的一株在天授年間枯死的樹，又重生了，大酺三日。大酺的日子裡，皇帝有時還會召集百姓進宮，共飲美酒，以示與民同樂之意。大酺日，整個大唐都漂在了酒的海洋裡。

第三節　詩酒風流

旗亭畫壁

旗亭是漢代市場內的代表性建築，也稱為市亭、市樓。它之所以被稱為旗亭，是因為上面高懸旗幟作為標示。後來旗亭也常用來代指酒樓。

酒樓外面經常會掛酒旗，酒樓的門上還有酒聯，這都有招

攬顧客的作用。《水滸傳》中武松在景陽岡前面喝酒的那家酒店上書「三碗不過岡」幾個字的，就是酒旗；唐代的詩人皮日休專門有一首寫酒旗的詩，詩的名字就叫〈酒旗〉，全詩如下：

> 青幟闊數尺，懸於往來道。多為風所颭，時見酒名號。
> 拂拂野橋幽，翻翻江市好。雙眸復何事，終竟望君老。

這首詩前幾句十分形象地概括了酒旗的樣子、功能等，對酒旗做了一個初步的介紹。

酒聯的作用與酒旗是相似的，都有廣告的作用。但酒聯是一種文雅的廣告，它是對聯的一種特殊形式，只有文化修養很高的人才能夠撰寫出精美的酒聯。讓我們來看幾副唐代的酒聯吧！

> 沽酒客來風亦醉；賣花人去路還青。
> 入座三杯醉者也；出門一拱歪之乎？
> 鐵漢三杯腳軟，金剛一盞頭搖。

上面舉的三副酒聯都文筆極佳，它們都緊扣「酒」字，點出了酒的功能。

五斗先生

王績（約西元五九〇至六四四年），字無功，號東皋子，絳州龍門（今山西河津）人，隋末唐初著名的詩人。王績性格狂

放，嗜酒如命，酒量可飲五斗，他仿陶淵明〈五柳先生傳〉作〈五斗先生傳〉，此外還撰寫了關於酒的《酒經》、《酒譜》等著作。王績在帶有自傳性質的散文〈五斗先生傳〉中，寫下了自己對酒的看法，全文如下：

有五斗先生者，以酒德游於人間。有以酒請者，無貴賤皆往，往必醉，醉則不擇地斯寢矣，醒則復起飲也。常一飲五斗，因以為號焉。先生絕思慮，寡言語，不知天下之有仁義厚薄也。忽焉而去，倏然而來，其動也天，其靜也地，故萬物不能縈心焉。嘗言曰：「天下大抵可見矣。生何足養，而嵇康著論；途何為窮，而阮籍慟哭。故昏昏默默，聖人之所居也。」遂行其志，不知所如。

五斗先生，因為酷愛喝酒而遊戲於人世間。只要有人願意請他喝酒，不論請他喝酒的人的身分高低貴賤，他都要欣然前往。他每次參加酒會，一定會喝醉，喝醉後根本不管什麼地方都可以倒地就睡，睡醒後則繼續開懷暢飲。他經常一喝就是五斗，因此用「五斗」作為自己的別號。五斗先生不想煩心事，寡言少語，不知道天下的仁義道德與人情冷暖。他忽而離開，忽而回來，他的行為符合天地運行的自然規律，所以世間的一切事物都不能纏繞住他的心。他曾經說：「天下的道理大致都已經見了分曉。人生如何能夠保養，嵇康撰寫了《養生論》；道路怎麼會窮盡呢？阮籍卻要慟哭流涕。所以，故作糊塗，這是聖人的行事態度。」

於是他一直按照自己的志向行事，最後不知去向。

其實，喜歡喝酒的文士經常是因為心中有難以言說的痛苦，王績也是如此。他是對現實的一切太失望了，才採取了道家順應自然的人生態度，他可以說是一位隱於酒的隱士。

王績的一生都與酒相關，酒是他一生的最愛。

王績從小就聰明異常，是一位早熟的天才兒童。隋朝開皇二十年（西元六○○年），年僅十五歲的王績拜見權傾朝野的宰輔重臣楊素，被在座的百官稱為「神仙童子」。隋大業元年（西元六○五年），舉孝廉，被授予祕書正字的官職。這時他才二十歲，正是年輕有為的時候，本應該有很好的仕途，但他生性狂傲，我行我素，竟然主動放棄了讓無數人豔羨不已的朝官身分。他後來出任揚州六合縣縣丞，又因為飲酒過度而荒廢政務，被人彈劾，解職還鄉。這時正是隋末天下大亂的時候，他不問世事，隱居山間，經常與一位叫仲長子光的隱士一起飲酒賦詩，過著逍遙自在的日子。

王績性情曠達，愛酒如命。唐武德八年（西元六二五年），朝廷徵召前朝官員，王績以原官待詔門下省。按照當時門下省的慣例，一天給官員美酒三升。他的弟弟王靜問他對這個官職的看法，他說：「待詔這個官職俸祿微薄，唯一讓人留戀的就是給官員的那三升美酒。」王績的上司陳叔達聽說後，一點也不生氣，反而說，看來美酒三升很難留得住這位高才啊！陳叔達決

定為王績破例，將三升酒變成了一斗酒。於是當時人們都稱王績為「斗酒學士」。

　　貞觀初年，王績聽說太樂署裡的一個叫焦革的小官擅長釀酒，於是自請去那裡任職。吏部當時不同意他的請求，但經不起他的堅決請求，最後還是同意了他的要求。焦革擅長釀酒，王績擅長喝酒，兩個人珠聯璧合，成了酒中知己。王績在品嘗美酒的同時還向焦革學習造酒的技術，在焦革這位良友加名師的指導下，王績自己的釀酒手藝也有了很大的提升。焦革去世後，他的妻子繼續為王績釀酒，不幸的是過了一年多，焦革的妻子也離開了人世。王績痛失兩位酒中知己，十分傷心，因為他在太樂署再也喝不到美酒了，於是辭官回鄉。

　　王績回到家鄉後自己釀酒，整日請朋友開懷暢飲。他把良友焦革傳授的釀酒經驗整理成著作，寫成《酒譜》一卷，用這種方式表示對自己朋友的永恆懷念。他在所居之地東皋為酒神杜康建造了祠廟，將自己的朋友焦革也供奉在廟中，並撰寫了〈祭杜康新廟文〉。

　　王績主要是以一個詩人的身分出現在文壇上的，他在許多詩篇中提到了酒。以他的一首〈戲題卜鋪壁〉為例：

　　旦逐劉伶去，宵隨畢卓眠。不應長賣卜，須得杖頭錢。

　　這首詩歌中提到的劉伶、畢卓都是因為飲酒而出名的人，王績要日夜與這兩個人為友，整日沉醉於醉鄉中。「杖頭錢」是

個典故，指的是酒錢。這首詩後兩句話的意思是說：本來不應該那麼長時間地為人卜卦的，只是想賺些酒錢罷了。

另〈醉後〉是這樣說的：

> 阮籍醒時少，陶潛醉日多。百年何足度，乘興且長歌。

阮籍、陶潛是中國文學史上有名的詩人，他們都是以善飲聞名的，王績要與這兩位前輩一樣沉醉於杯中物，不問世事。這樣的生活一百年也不夠，當借酒興高歌一曲。

滕王閣雅集

王績出身文學世家，他的一個兄弟是隋末唐初的著名大儒王通，一個哥哥是寫出著名傳奇《古鏡記》的王度。他還有一個大名鼎鼎的侄孫，那就是初唐四傑之一的王勃。王勃不僅繼承了王績的文學才能，還繼承了他愛酒的雅趣。

「腹稿」，現在成了一個耳熟能詳的典故，指預先想好但沒有寫出來的文稿，許多著名的作家創作時都會打腹稿，但很少有人知道這是一個與酒有關的典故，而且這個典故還是關於王勃的。《新唐書·王勃傳》是這樣記述這個典故的：

> 初不精思，先研磨數升，則酣飲，引被覆面臥，及寤，援筆成篇，不易一字，時人謂勃為腹稿。

王勃剛開始寫東西的時候並不精心地思考，先準備好筆墨

紙硯，然後痛飲美酒，喝完酒後就蒙頭大睡。醒來後，揮筆就寫，而且筆不停輟，文不加點。因為酒刺激了王勃的創作靈感，讓他文思泉湧，下筆如神。

王勃最令人稱道的，莫過於他的〈滕王閣序〉。這篇序文不僅是王勃的代表作，也是中國駢文史上首屈一指的作品。王勃這篇蓋世奇文的寫作，也是與酒脫不了關係的，因為這篇序文也是在酒會上完成的。關於〈滕王閣序〉的由來，唐末王定保的《唐摭言》有一段生動的記載。

閻伯嶼是洪州的最高長官，一天，他在滕王閣上大宴群僚，王勃去探望父親的路上恰好經過滕王閣，就應邀參加了這場酒會。滕王閣酒會因為王勃而名傳千古，當初的舉辦者早就被人們淡忘了。

有酒會自然會有詩文唱和結集，有詩文結集自然需要為集子撰寫序文。閻伯嶼自然是諳熟這個規矩的，於是他讓自己的女婿孟學士提前寫好序文，並牢牢背過，在第二天的酒會上就可以立馬寫成，好借此成名。所以在酒會上，閻伯嶼假意謙讓，問誰有大才可以寫篇序文時，別的參加宴會的人都知道他的用意，都以自己才疏學淺為由推脫。閻伯嶼正想讓自己的女婿動筆的時候，王勃站出來說自己要寫。這真是半路上殺出個程咬金，閻伯嶼內心的鬱悶可想而知。他生氣地離開了酒宴，到旁邊的一個房間裡去了，但他又忍不住想知道王勃要寫些什

麼，於是讓人傳話給自己。當有人將王勃序文的開頭「豫章故郡，洪都新府」告訴他的時候，他覺得這不過是老生常談，沒有什麼新鮮的。當聽到「臺隍枕夷夏之郊，賓主盡東南之美」的時候，閻伯嶼開始沉吟不語。當傳話人告訴他「落霞與孤鶩齊飛，秋水共長天一色」的時候，閻伯嶼大驚失色，禁不住高呼：「寫出這麼優美句子的人肯定是天才，這篇序文也肯定可以流傳千載！」閻伯嶼忙走到王勃身邊看他繼續寫，王勃每寫幾句，他都讚嘆有加。寫完後，閻伯嶼請王勃參加酒宴，兩人開懷暢飲，非常開心。

這場酒會注定會名垂青史，它不僅讓我們見識了王勃的大才，還讓我們見識了閻伯嶼的氣度，更重要的是這場酒會讓我們見識了大唐的文采風流！

會須一飲三百杯

提起唐代愛喝酒的詩人，人們首先想起的就是李白，只因為李白的飲酒實在是太有名了。其實，唐代其他詩人的身上也是散發著酒香的，杜甫、高適、孟浩然等人無不如此。杜甫、孟浩然最後甚至以身殉酒，怎能不讓人感慨系之！

「會須一飲三百杯」，李白的這句話適用於大唐的許多詩人。可以說，唐詩是泡在酒中的絕唱！

杜甫（西元七一二至七七〇年），字子美，號少陵野老，後

世又稱為杜工部，是中國歷史上偉大的現實主義詩人，後人尊稱他為「詩聖」。杜甫現存詩歌一千四百多首，其中說到飲酒的就三百多首，大約占到了百分之二十一。這足以說明杜甫也是個好酒之人，有的學者認為他愛酒的程度絲毫不亞於他的朋友李白。

　　杜甫十四歲就開始喝酒，酒齡有四十多年。他在一首名為〈壯遊〉的詩中寫道：「往昔十四五，出遊翰墨場……性豪業嗜酒，疾惡懷剛腸……飲酒視八極，俗物多茫茫。」杜甫從小就心高氣傲，喝了酒之後，更是對碌碌「俗物」看不上眼。杜甫的日子過得很清寒，經常連飯也吃不上，但他對酒的嗜好卻一點都沒有改變，晚年還有越來越甚的趨勢。「朝回日日典春衣，每向江頭盡醉歸。酒債尋常行處有，人生七十古來稀。」杜甫晚年酒癮越來越大，經常要靠典當衣服買酒喝，他與「五花馬，千金裘，呼兒將出換美酒，與爾同銷萬古愁」的李白在喝酒這一點上還真難分伯仲。杜甫還留下了「莫思身外無窮事，且盡生前有限杯」的千古佳句，這句話一點也不比李白的「且盡生前一杯酒，何須身後千載名」遜色。兩人不只是詩中知己，更是酒中知己。

　　鄭虔是一位百科全書似的人物，詩、畫、書法、音樂、醫學、兵法、星相等都很精通，他是杜甫的朋友，也是酒友。他家裡很窮，但酒癮很大，經常向朋友借錢買酒，這一點和杜甫也很相像。杜甫在一首名為〈醉時歌〉的詩中描寫了他們一起喝

酒的情形：「得錢即相覓，沽酒不復疑。忘形到爾汝，痛飲真吾師。」這幾句話的大意是：如果有一個人有了錢，就會毫不遲疑地買酒請對方共飲，兩個人喝到興頭上的時候經常會忘記形骸。鄭虔的酒量很大，杜甫認為在酒量方面鄭虔可以當自己的老師。這首詩的最後兩句是：「不須聞此意慘愴，生前相遇且銜杯。」說只要活著一天，兩個人就要痛飲一天，這真可謂是酒中知己了。

杜甫愛酒如命，最後竟然死在了酒上，這個故事記載在唐代鄭處晦的《明皇雜錄》中。一年夏天，杜甫因避亂想去衡州，但半路上遇到了大水，船隻只得停在一個叫方田驛的地方，杜甫因為沒有食物挨了好幾天的餓。有位姓聶的縣令知道後，派人為詩人送去了牛肉、白酒。有肉有酒，再加上已經餓了好多天，杜甫的胃已經很虛弱了，但看到美酒他已經顧不得那麼多了，由於杜甫喝了過多的白酒、吃了過多的牛肉，被脹死了。愛酒的杜甫死於酒，雖然不及李白捉月乘鯨來得浪漫，卻也算是另一番風流了！

孟浩然（西元六八九至七四〇年），唐代襄州襄陽（今湖北襄樊）人，世稱孟襄陽，又因為他終生沒有做官，又稱為孟山人，他與王維並稱為「王孟」，是中國文學史上著名的山水田園詩人。

孟浩然是一位嗜酒如命的人，他留下了許多關於酒的優美

詩句，如「達是酒中趣，琴上偶然音」、「開軒面場圃，把酒話桑麻」、「誰道山公醉，猶能騎馬回」等。王士源的〈孟浩然詩集序〉、《新唐書・孟浩然傳》等資料都記載了下面這樣一個故事：

山南採訪使韓朝宗很欣賞孟浩然的才華，要帶他同赴長安，準備向朝廷推薦他。韓朝宗為了替孟浩然造聲勢，先走了一步，他們約好了某一天一起進朝廷。到了約定的那一天，孟浩然恰巧遇到了老朋友，兩人就進了酒樓，推杯換盞起來。當時有人提醒孟浩然跟韓朝宗約定的事，正喝到興頭上的孟浩然很不以為然，說：「現在正喝著酒呢！先高興著再說，哪裡還有閒心思管其他的事情？」韓朝宗左等右等不見孟浩然，非常生氣，就打消了向朝廷推薦他的念頭。

孟浩然因貪愛杯中物，辜負了韓朝宗的厚愛，還真有點「爛泥扶不上牆」的意思，他寧可為了酒而放棄美好的前程，可見的確是個淡泊功名、放浪形骸的人。

孟浩然嗜酒如命，最後竟真的因飲酒而死。開元二十八年，王昌齡到襄陽遊玩，拜訪了孟浩然，兩位朋友相見甚歡。當時孟浩然背部有病，醫生已經為他醫治得差不多了，醫生告誡他不能喝酒，不然病可能復發。遇到了老朋友，孟浩然早把醫生的叮囑拋到了九霄雲外，又痛飲起來，結果舊病復發死掉了。孟浩然以身殉酒，真當得起「愛酒如命」一詞了。

元稹（西元七七九至八三一年），字微之，別字威明，唐代

著名的詩人，他與白居易並稱「元白」。他有一首〈贈黃明府〉的詩歌，裡面有這麼幾句話：

> 昔年曾痛飲，黃令困飛觥。席上當時走，馬前今日迎。依稀迷姓字，積漸識平生。故友身皆遠，他鄉眼暫明。

這首詩背後還有一個很有意思的故事：元稹和他的好朋友白居易一樣，酷愛飲酒，他經常在酒會上負責監酒。有一次他在一名姓竇的官員府裡飲酒，有一個人來晚了，又屢次違背了酒會上定下的規矩，元稹連著罰了他十幾杯酒，這個人實在喝不下去了，只好中途逃席而去。元稹在這場酒宴上也喝醉了，醒來後向旁人打聽，才知道逃席而去的是虞鄉的黃丞。這場酒會後，元稹再也沒有聽到過這位姓黃的官員的消息。元和四年三月，元稹奉命出使東川，十六日這天到達了褒城這個地方，這個地方有許多大的亭臺樓閣，風景美不勝收。不久，有一位姓黃的官員過來歡迎元稹，元稹覺得這位官員十分面善，好像在什麼地方見過。詳加追問之下，才知道這個人就是以前在酒宴上逃席而去的那位黃丞。元稹提起往事，這位官員才恍然大悟。於是就請元稹一起喝酒，兩人喝得十分愉快。元稹酒後寫了〈贈黃明府〉這首詩贈給他，以紀念兩個人的傳奇經歷。

元結（西元七一九至七七二年），字次山，號漫叟、聱叟，杜甫對他的詩歌〈舂陵行〉、〈賊退示官吏〉讚賞有加。元結酷愛飲酒，他有一詩句是「有時逢惡客」，他怕別人不懂什麼是「惡

客」，自己就做了一個解釋。原來，在元結的眼中，凡不會喝酒的人都是「惡客」。遇到這種不會喝酒的人，詩人自然沒有什麼好心情。

羅隱（西元八三三至九〇九年），字昭諫，新城（今浙江富陽區新登鎮）人，晚唐著名詩人。他也是個愛酒的人，寫下了許多關於酒的優美詩篇。「今朝有酒今朝醉，明日愁來明日愁」這句婦孺皆知的詩句，作者就是羅隱。

羅隱久試不第，心情十分鬱悶，看人都不順眼，就算路上遇到個陌生人，他都想寫詩把人家給諷刺一下。他早年在鍾陵這個地方遊玩，在酒宴上認識了一位叫雲英的官妓，兩個人喝得很高興。十二年後，羅隱故地重遊，再次來到了鍾陵這個地方，這時的他惶惶如喪家之犬，令人想不到的是他在酒席上又遇到了這位官妓。雲英嘲笑他說，十二年過去了，你還沒有考上啊！羅隱這時已經有了些酒意，當場賦詩一首贈給她，全詩如下。

鍾陵醉別十餘春，重見雲英掌上身。我未成名君未嫁，可能俱是不如人。

羅隱用詩的形式向老朋友開了個玩笑：十二年後妳都沒有嫁出去，可見咱們的命運是差不多的啊！羅隱在這首詩中不僅嘲弄雲英，而且自嘲，詩中蘊涵著辛酸的滋味。

羅隱因為飲酒，還損失了一個如花似玉的媳婦，這場酒的

代價也太大了。原來羅隱曾將自己的詩歌獻給宰相鄭畋。宰相有位聰明美麗的女兒，沒事的時候也喜歡作詩。她偶爾從父親那裡讀到羅隱的詩，讀到「張華漫出如丹語，不及劉侯一紙書」的時候，對羅隱頓生崇拜之情，立志非此人不嫁。有一天，羅隱來她家拜訪，她非常高興，就躲在簾子後面偷看羅隱。結果羅隱上了酒桌就把持不住，醉得一塌糊塗。鄭小姐看到他酒後沒出息的樣子後，就打消了嫁他的念頭。

　　唐末時候，天下大亂，兵戈不休。羅隱與隱居華山的鄭雲叟天天對飲，其樂陶陶，兩人在酒香中過著不知日月的日子。羅隱是著名的才子，參加了十次科舉考試都沒有博得一第，不可謂不命薄了。鄭雲叟本來也有濟世之志，他和羅隱一樣參加了多次科舉考試，但都失敗了。後來，鄭雲叟拋妻棄子，帶一琴一鶴，在華山等名山隱居起來。後來朝廷屢次徵召他，他都拒絕了。唐末大亂的現實，兩人相似的不得志經歷，這些共同的因素使羅隱與鄭雲叟成了好友，兩人經常在一起痛飲美酒，談天說地。某次，喝得興致正高的時候，兩個人聯句為樂，鄭雲叟的起頭是「一壺天上有名物，兩個世間無事人」，羅隱的對句為「醉卻隱之雲叟外，不知何處是天真」。這對聯句也在文人間傳為美談。

般若湯與曲秀才

酒是僧家首要的戒律，歷史上的高僧也多是嚴守戒律，但他們的名字不為一般人所熟知，為大家耳熟能詳的卻是愛酒的和尚，比如魯智深、濟公等。佛教徒對酒有一個雅稱，那就是「般若湯」。

原來《釋氏會要》裡記載了這樣一個故事：唐代長慶年間，有位遊方僧人到寺廟裡借宿，一進寺院門，就讓寺裡的和尚取酒來。廟裡的和尚怪他不守戒律，將他的酒瓶砸到柏樹上摔碎了。這位遊方僧人對廟裡眾僧解釋他要酒喝的原因，原來他經常吟誦〈般若經〉，喝了酒後聲音會更嘹亮。然後將瓶子拼合好，收回灑落的酒，幾口就下肚了。從此，和尚就稱酒為般若湯。其實這都是僧人的藉口，就像當年黃巢的手下吃人，但卻將人稱作「兩腳羊」是一個意思。

道教徒是可以喝酒的，道教的著名人物呂洞賓還留下了「三醉岳陽」的美談。道教徒對酒也有自己的雅稱，那就是「曲秀才」、「曲道士」、「曲居士」，這個典故出自唐代鄭繁的《開天傳信記》。

他在這本書裡講了一個非常神奇的故事：唐代有一位著名的道士叫葉法善，一天他正與朝中的官員一起喝酒，這時突然從外面進來一個人，自稱曲秀才，不等別人邀請就坐到了末席，同時還大發議論。葉法善用劍刺他。曲秀才倒在地上變成了酒瓶，裡面裝的全是美酒，眾人喝過後都醉倒了。

《集異錄》還講了另一個神奇的故事，一個名叫葉靜能的道士喝到五斗酒後就會醉倒，變為一個只能容五斗酒的酒甕。

　　後來陸游曾經寫道「孤寂唯尋曲道士」，這裡的「曲道士」指的就是酒。

　　和尚喝酒經常會被道士們嘲笑。南朝畫家張僧繇創作過一幅很有名的作品，名曰〈醉僧圖〉，道士們很高興，經常拿這幅畫來奚落和尚們。和尚們很生氣，想了一個反制措施，他們湊了許多錢送給著名的畫家閻立本，請他畫了一幅〈醉道士圖〉。從此以後，道士們就不好意思再嘲笑和尚們了。其實好酒的和尚與好酒的道士是半斤八兩，誰都沒有必要嘲笑誰。

第四節　醉吟先生

　　白居易（西元七七二至八四六年），字樂天，晚年號香山居士，河南新鄭（今鄭州新鄭）人，中國文學史上著名的詩人。白居易去世後，當時的皇帝唐宣宗親自為白居易寫下了悼亡詩，有兩句是這樣的「童子解吟長恨曲，胡兒能唱琵琶篇」，這句詩歌中暗含了白居易的代表作〈琵琶行〉與〈長恨歌〉。白居易不僅在唐代享有盛名，他的大名還流傳到了朝鮮和日本，在這兩個國家也有很大的影響。

　　白居易的傳世詩歌有兩千八百多首，描寫酒的就有九百多

首，可見他對酒的喜愛程度。他把詩、酒、琴當作自己最知心的朋友，親切地稱它們為「北窗三友」。他在〈北窗三友〉這首詩中寫道：

> 今日北窗下，自問何所為。欣然得三友，三友者為誰。
> 琴罷輒舉酒，酒罷輒吟詩。三友遞相引，循環無已時。
> 一彈愜中心，一詠暢四肢。猶恐中有間，以酒彌縫之。
> 豈獨吾拙好，古人多若斯。嗜詩有淵明，嗜琴有啟期。
> 嗜酒有伯倫，三人皆吾師。或乏儋石儲，或穿帶索衣。
> 絃歌復觴詠，樂道知所歸。三師去已遠，高風不可追。
> 三友遊甚熟，無日不相隨。左擲白玉巵，右拂黃金徽。
> 興酣不疊紙，走筆操狂詞。誰能持此詞，為我謝親知。
> 縱未以為是，豈以我為非。

白居易每到一個地方都要以酒為號，為河南尹時號「醉尹」，被貶為江州司馬時號「醉司馬」，當太子太傅時號「醉傅」，總號為「醉吟先生」。酒在白居易的筆下還有一個雅稱——玉液。這個稱呼出自他的〈效陶潛體〉，他在詩中說：「開瓶瀉尊中，玉液黃金脂。」後來，玉液就成了酒的另一個代名詞，白居易對這個稱呼是有首創之功的。

白居易隱居龍門的時候，更是不可一日無酒，他甚至認為可以不吃飯但不可以不飲酒。晉代的劉伶非常愛酒，留下了〈酒德頌〉，白居易仿〈酒德頌〉作了〈酒功贊〉，全文如下：

麥曲之英，米泉之精。作合為酒，孕和產靈。孕和者何，濁醪一樽。霜天雪夜，變寒為溫。產靈者何，清醑一酌。離人遷客，轉憂為樂。納諸喉舌之內，淳淳泄泄，醍醐沆瀣；沃諸心胸之中，熙熙融融，膏澤和風。百慮齊息，時乃之德；萬緣皆空，時乃之功。吾嘗終日不食，終夜不寢。以思無益，不如且飲。

　　麴是造酒必需的東西，中國人民在商代就已經開始用麴造酒。白居易認為，最好的麴與最佳的泉水結合在一起才能產生美酒。酒的作用是很大的，它可以「霜天雪夜，變寒為溫」，酒並不是真能將天氣改變，它改變的是人的心情，它可以使人的心裡始終裝著一團火。「黯然銷魂者，唯別而已矣」，江淹〈別賦〉裡面的這句話道出了離別的傷感與無奈，只有酒這種神奇的物件才可以讓人暫時忘卻離別的痛苦，讓人轉憂為樂。白居易形象地描寫了喝酒時的感覺，酒在喉嚨裡的時候，感覺很舒暢，就如同吃到了酥酪上凝聚的油。酒進入了身體裡，舒服得很，那感覺就像在春風裡沐浴一樣。人在喝醉了的時候，一切的名利之心都暫時放下了，一切的不如意都暫時拋卻了，這就是酒的極大作用啊！「吾嘗終日不食，終夜不寢，以思無益，不如且飲。」這句話將酒徒的心態暴露無遺，白居易認為喝酒比吃飯、睡覺還要重要，酒癮之大、愛酒程度之深，可想而知了。

　　白居易曾創作了一組名為〈勸酒詩〉的組詩，系統地表達了自己對酒的理解。其中的一首詩歌是這樣的：

勸君一杯君莫辭，勸君兩杯君莫疑，勸君三杯君始知。
面上今日老昨日，心中醉時勝醒時，天地迢迢自長久。
白兔赤烏向逐走，身後金星掛北斗，不如生前一杯酒。

白居易認為，飲過三杯酒後才可以明白酒中的真諦，所以不喝過三杯酒，最好不要開口說話。老朋友在一起聚飲的時候，最容易感慨的就是時光易老，青春不再，喝一次酒，頭上的白髮就增加幾根，越到晚年這種感慨就越強烈。白居易是一個有積極上進之心的人，他創作的現實主義詩篇〈新樂府〉、〈秦中吟〉表達了對黑暗現實的強烈不滿和對百姓疾苦的深切同情，他也因此受到了當朝權貴的迫害。晚年的白居易不再像以前那麼激昂了，他天天沉醉於酒，以求暫時忘卻人生的苦痛，正如他在詩中提到的「心中醉時勝醒時」。時光催人老，天地則是永恆不變的，在時間的長河中人的一生顯得那麼的短暫，人想起這點都容易傷心落淚，還是痛飲美酒吧！

白居易的另一首〈勸酒詩〉中有這樣幾句話：「昨與美人對尊酒，朱顏如花腰似柳。今與美人傾一杯，秋風颯颯頭上來。年光似水向東去，兩鬢不禁白日催。」以前和這位美人喝酒的時候，美人還是青春年少；現在再與她飲酒的時候，美人的青春已經不在了。與自己交往的美人的紅顏都已經衰老了，詩人自己怎麼能不兩鬢蒼蒼呢！

白居易還有一組〈府酒五絕〉的絕句，寫得特別有意思，這

五首絕句專門寫他做地方官時喝公家供應的酒的各種小事，這些小事現在看來別有趣味。

　　憶昔羈貧應舉年，脫衣典酒麴江邊。十千一斗猶賒飲，何況官供不著錢。

　　這首詩的名字叫〈自勸〉，詩歌回憶了自己當年窮困潦倒的生活，為了喝酒不惜典當衣服，無論多麼貴的酒都要賒著喝。現在日子較之以前已經好多了，當了官可以肆意地喝不花錢的酒，撫今追昔，快樂異常。

　　自慚到府來周歲，惠愛威棱一事無。唯是改張官酒法，漸從濁水作醍醐。

　　這首〈變法〉詩說自己上任一年來，在政治上毫無建樹，唯一能夠拿得出的功績，就是改良了釀酒的方法，可以讓濁水變成美酒。詩人在詩中雖然用了「自慚」兩個字，但字裡行間透露出的，卻是對自己改良釀酒方法的政績感到沾沾自喜。白居易的一生不僅以豪飲著名，他還特別擅長釀酒。在他為官的任上，他曾花很大一部分時間去研究釀酒。他根據自己多年的釀酒經驗，得出一個結論：酒的好壞與水質的好壞密切相關，但酒的配方好的話，也可以使品質欠佳的水產生佳釀。白居易的釀酒經驗是十分科學的，這一經驗在現代仍然適用，茅臺酒之所以名揚天下，這和當地茅臺鎮上的特殊水質有關。

　　甘露太甜非正味，醴泉雖潔不芳馨。杯中此物何人別，柔旨之中有典刑。

　　這首〈辨味〉詩告訴我們，白居易不僅喜歡喝酒，他還是一個品酒的高手，他認為酒太甜、太潔都不是上品，真正的美酒應該是剛柔相濟的。白居易的關於酒的這種看法具有劃時代的意義，至今仍有借鑑價值。

　　白居易請朋友喝酒，寫了一首詩，讓僕人送給一位叫劉十九的朋友，這首詩就是有名的〈問劉十九〉。

　　綠蟻新醅酒，紅泥小火爐。晚來天欲雪，能飲一杯無？

　　新釀的酒還沒有濾清時，酒面會浮起酒渣，酒渣的顏色是綠色的，細如螞蟻，因此稱為「綠蟻」。「綠蟻」，後來用於指代新出的酒。「紅泥小火爐」，指的是溫酒的器皿，有美酒必須有美器，這麼好的器皿裡面裝的一定是令人垂涎三尺的美酒了。白居易請朋友喝酒正選了個恰到好處的時候，「晚來天欲雪」，晚上正要下雪還沒有下下來的時候，此時正適合暢飲。新釀製的酒，精美的小火爐，晚上將要下雪的天氣，這三者都誘惑著劉十九，都在勾引著他肚子裡的酒蟲，他看到這首詩後肯定會飛奔到白居易身邊的。〈問劉十九〉是一首詩，同時還是一份請柬，請客喝酒的請柬都寫得如此的如詩如畫，這主人的酒宴又能差到哪兒去呢？

　　《紅樓夢》中的妙玉關於喝茶有種妙論：「一杯為品，二杯即

145

是解渴的蠢物，三杯便是飲牛飲驟了。」這的確是妙論，雖然妙論言及的是茶，移到酒的身上，這大致也沒有什麼差錯。〈問劉十九〉這首詩的最後一句寫得非常妙，「能飲一杯無」，這句話點明了是兩位雅士在品酒，而不是像梁山好漢那樣的大碗喝酒。

　　白居易最有名的詩歌要數〈琵琶行〉與〈長恨歌〉了，殊不知這兩篇千古絕唱都是與酒有關的。

　　白居易晚上在潯陽江頭送別客人，想與朋友一起喝個踐行酒，可是沒有管弦伴奏，兩人酒喝得都不怎麼痛快。白居易正要與朋友告別的時候，江面上傳來了琵琶的聲音。白居易就將琵琶女邀請到船上，一邊聽音樂一邊與朋友繼續喝酒。原來這個琵琶女本來是長安人，她的琵琶受過名師的指點，年輕的時候譽滿京城，後來年老色衰嫁給了一位商人。白居易恰好也是貶謫到江州，他與琵琶女的命運是相似的，用詩中的話來說叫「同是天涯淪落人，相逢何必曾相識」。白居易有感而發，就寫了這首名垂千古的〈琵琶行〉送給她。後人不滿足〈琵琶行〉中的簡單敘事，演繹了許多白居易與琵琶女的故事，最有名的要數元代戲劇家馬致遠的〈青衫淚〉了。只不過馬致遠在自己的作品中讓白居易與琵琶女結成了百年之好，以寄託對先賢遭遇的同情。

　　元和元年冬十二月，白居易從校書郎這個官職外調做盩屋縣尉。盩屋，在今天的陝西，已經改名為「周至」。陳鴻與王質

夫將家安在了盩厔縣，空閒的時候他們三個人一起去遊覽了仙遊寺，在遊玩的時候談論起唐明皇與楊貴妃的故事，三人都感慨萬千。王質夫舉著酒杯對白居易說：「歷史上少見的事情，如果沒有不世出的天才加以記述的話，很快就會隨著時間的流逝而消亡了，後人根本不可能知道歷史上曾經發生過這麼驚天動地的事情。白居易你是個擅長寫詩且感情豐富的人，你來用詩歌的形式寫下來怎麼樣？」白居易的〈長恨歌〉就是應朋友在酒席上提出的要求而寫出的，因此這篇絕唱也是與酒脫離不了關係的。

　　白居易不僅自己愛喝酒，他還結識了一位喝多了就大哭的奇人，這位奇人名叫唐衢。唐衢有大才但屢考不中，心情很鬱悶，心裡感到不爽的時候就喜歡喝兩杯。他一喝酒就哭，不僅自己哭得死去活來，還直接影響到周圍人的情緒。經常是他一開腔哭，整個酒宴上都會響起一片啜泣聲。據資料記載，這位奇人「發聲一號，音辭哀切，聞之者莫不淒然泣下」，他的哭聲還真有藝術感染力。有一次，一位主管太原地區軍務的大官請客吃酒，這位奇人唐衢也在應邀之列。大家喝得正痛快的時候，突然有人聊起了當前的政治局勢。唐衢雖然是個平民，但「位卑未敢忘憂國」，他說起政治形勢的衰敗，感慨萬千，越說越激動，最後淚如雨下。他一哭，整個酒席上的人都跟著他哭，酒宴只好中途停止。

白居易聽說了唐衢之哭有如此大的感染力後，寫了一首〈寄唐生〉的詩送給他。詩中有幾句是這樣的：「賈誼哭時事，阮籍哭路岐。唐生今亦哭，異代同其悲。」白居易認為唐衢的哭與古人賈誼、阮籍有相似之處，都是因為心中有難以言說的痛苦。

　　白居易越老酒癮越大，晚年他在洛陽當官，特意辦了個「九老會」，請一幫老人喝酒。白居易在〈眼病〉詩中寫道：「散亂空中千片雪，蒙籠物上一重紗。縱逢晴景如看霧，不是春天亦見花。」白居易用形象的語言寫出了自己眼睛看東西模糊的情景，這種眼疾是由於飲酒過度引起的，用現在醫學上的專業術語叫「酒精性弱視症」。晚年的白居易為此病所苦，他想盡了一切辦法，但都沒有什麼效果。得了眼疾後，白居易喝酒的興致卻並沒有因此受到影響。

　　醉吟先生，這是白居易最著名的一個雅號。白居易六十七歲的時候擔任太子少傅，他生活在洛陽，寫下了酒史上不可多得的名篇〈醉吟先生傳〉。白居易在文中這樣介紹自己：「醉吟先生，忘其姓字、鄉里、官爵，忽忽不知吾為誰也。宦遊三十載，將老，退居洛下。所居有池五六畝，竹數千竿，喬木數十株，臺澈舟橋，具體而微，先生安焉。……性嗜酒、耽琴、吟詩，凡酒徒、琴侶、詩客多與之遊。」這是白居易自己的夫子自道。白居易在文章的結尾說：「既而醉復醒，醉復吟，吟復飲，飲復醉。醉吟相仍，若循環然。由是得以夢身世，雲富貴，幕

席天地，瞬息百年，陶陶然，昏昏然，不知老之將至，故所謂得全至於酒者，故自號為醉吟先生。」白居易愛酒和愛詩是緊密連繫的，因此，他自號為醉吟先生。白居易的醉與吟是一體的，他是隱於酒的詩人，以杯中物陶然自樂，不知時光的流逝和歲月的變遷。

　　白居易死後葬在龍山，河南一位叫盧貞的官員知道他生前好酒，就將白居易的〈醉吟先生傳〉刻成石碑，立在白居易的墓旁邊。遊人每次經過白居易的墓碑，讀了石碑上的〈醉吟先生傳〉後，都會為白居易祭奠上一杯酒，以至於白居易墓前常年都是溼的，遠遠的就是一股酒香，白樂天在九泉之下也可以開懷暢飲了。

第五節　酒與藝術

　　唐代是一個令人驕傲的時代，不僅僅是因為唐詩在詩歌史上的崇高地位，書法、繪畫、音樂等其他的藝術也取得了登峰造極的成就，唐代可以說是中國藝術的集大成時代。唐代出現了虞世南、褚遂良、歐陽詢、孫過庭、顏真卿、柳公權等一大批優秀書法家，吳道子、閻立本、王維、曹霸、韓乾等一大批畫家，王維、李龜年、雷海青等一大批音樂家，他們都是藝術史上的翹楚。唐代的許多藝術都與酒有不解之緣，有些藝術珍品還是在酒後完成的。

知章騎馬似乘船

　　唐代的賀知章是一位特別喜歡喝酒的人，杜甫在〈飲中八仙歌〉中第一位提到的就是他，杜甫在詩中說：「知章騎馬似乘船，眼花落井水底眠。」飲中八仙裡以賀知章年齡最大，他喝醉了酒後在馬上搖搖晃晃，就如同坐船一樣。杜甫開玩笑說，賀知章就算掉到了井裡，也醒不了，會一直在水底酣睡下去的。大家一般知道賀知章是個不錯的詩人，可是很少人知道他還是位優秀的書法家，賀知章擅長草書、隸書，他的詩名掩蓋了他的書法名聲。當時人們將賀知章的草書、祕書省的落星石、薛稷畫的鶴、郎餘令繪的鳳合稱為祕書省「四絕」。賀知章傳世的書法作品中，主要有墨跡草書〈孝經〉、石刻〈龍瑞宮記〉等。

　　賀知章特別喜歡醉後寫書法，而且醉後創作的作品品質極佳，其原委連賀知章自己也不明所以。《舊唐書·文苑傳·賀知章傳》記載：「醉後屬辭，動成捲軸，文不加點，咸有可觀。」可見，賀知章醉後寫作時，文思敏捷，寫出的作品很優美。一般人也許不知道賀知章的書法才能，但他的密友不可能不知道 —— 李白將賀知章比作王羲之，可見對他書法作品的推崇程度。李白在絕句〈送賀賓客歸越〉中這樣寫道：

　　鏡湖流水漾清波，狂客歸舟逸興多。山陰道士如相見，應寫黃庭換白鵝。

　　天寶三年（西元七四四年）正月，賀知章辭京還鄉，李白

當時正好在長安，就寫了這首詩贈給了老朋友。鏡湖也就是鑑湖，是紹興的名勝，以湖水清澈而聞名於世。李白想像友人還鄉後，一定會在鏡湖裡泛舟遊蕩。換白鵝的典故出自大書法家王羲之。王羲之很喜歡白鵝，山陰地方的一個道士知道後就請他書寫道教經典《黃庭經》，並願意用自己養的一群白鵝作為報酬。詩歌的最後兩句表面是在寫王羲之，實際上是借王羲之的典故讚嘆賀知章書法的精妙絕倫。

竇蒙本人就是唐代的書法家，他在《述書賦注》中是這樣評價賀知章的書法的：

每興酣命筆，好書大字，或三百言，或五百言，詩筆唯命……忽有好處，與造化相爭，非人工所到也。

可見，唐朝人很了解賀知章醉後善書的特點，竇蒙認為賀知章醉後寫出的書法如有神助，不是人力所能達到的。竇蒙在評論書法的時候非常尖刻，許多唐代的書法名家他都不放在眼中，他能給賀知章書法「與造化相爭，非人工所到」的評價，說明賀知章的書法在唐代確實非同一般。宋代的陶宗儀在《書史會要》中也提到了賀知章醉後善書的特點，高度評價了他的藝術成就：

善草、隸，當世稱重。晚節尤放誕，每醉必作為文詞，行草相間，時及於怪逸，使醒而覆書，未必爾也。

陶宗儀認為，晚年的賀知章尤為喜歡醉後創作書法，晚年的藝術作品已經達到了爐火純青的境界。賀知章醉後寫出的作

品水準極高，就算酒醒後再怎麼寫，也寫不出醉後的那種酣暢淋漓的感覺了。

醉墨丹青

張旭（西元六七五至七五〇年），字伯高，一字季明，唐朝吳（今江蘇蘇州）人，愛酒如命，擅長草書，世稱「張顛」，傳世書法作品有〈肚痛帖〉、〈古詩四帖〉等。唐文宗曾下詔，以李白的詩歌、張旭的草書、裴旻的劍舞為「三絕」。

張旭也是「飲中八仙」之一，杜甫對他的描寫是：

張旭三杯草聖傳，脫帽漏頂王公前，揮毫落紙如雲煙。

三杯酒下肚後，張旭就控制不住自己的創作激情了，他經常在王公貴族面前脫掉帽子將頭頂露出來，暢快淋漓地寫起草書來。他經常喝得大醉後，大叫狂走，然後落筆成書。張旭喝醉酒後，書法的創作欲望被挑動起來，他甚至會用頭髮蘸著墨書寫，所以人們稱他為「張顛」。張旭醉後狂書，當時的許多人對此都留下了深刻的印象，詩人李頎在〈贈張旭〉中形象地刻畫了他醉後狂書的風采，全詩如下：

張公性嗜酒，豁達無所營。皓首窮草隸，時稱太湖精。露頂據胡床，長叫三五聲。

興來灑素壁，揮筆如流星。下舍風蕭條，寒草滿戶庭。問家何所有？生事如浮萍。

左手持蟹螯，右手執丹經。瞪目視霄漢，不知醉與醒。諸賓且方坐，旭日臨東城。

荷葉裹江魚，白甌貯香粳。微祿心不屑，放神於八紘。時人不識者，即是安期生。

張旭在酒家喝酒，興致來了，特別喜歡在酒家的牆上寫字，「興來灑素壁，揮筆如流星」。而且張旭在哪家酒店題壁，哪家酒店的生意就會更上一層樓。張旭的書法名氣很大，但他的生活卻不富裕，家裡的居住條件也不怎麼好。他將一切的精力都放在了藝術上，也就不在乎其他的東西了。張旭喝酒的時候喜歡讀道教的經典，一邊讀一邊瞪著天空，旁人也不知道他究竟是醉還是醒。

與張旭齊名的另一位草書大家懷素，也喜歡酒後寫作，愛酒程度比張旭有過之而無不及。懷素（西元七二五至七八五年），字藏真，他是書法史上領一代風騷的大書法家，他的草書稱為「狂草」，他與張旭並稱為「張顛素狂」或「顛張醉素」。懷素酷愛飲酒，每當飲酒興起，他不分牆壁、衣物、器皿，找到什麼東西就在什麼東西上寫，當時的人們稱他為「醉僧」。懷素與大詩人李白有交往，李白在〈草書歌行〉中這樣描寫了懷素的風采：

八月九月天氣涼，酒徒詞客滿高堂。箋麻素絹排數箱，宣州石硯墨色光。

吾師醉後倚繩床，須臾掃盡數千張。飄風驟雨驚颯颯，落花飛雪何茫茫！

　　起來向壁不停手，一行數位大如斗。怳怳如聞神鬼驚，時時只見龍蛇走。

　　懷素在高朋滿座的酒會上當場揮毫潑墨，數千張紙很快就寫完了。懷素覺得仍然不過癮，就去牆壁上題寫了許多如斗大的字，他完全沉浸在自己的藝術世界中，完全忘記了世間的一切。怳怳，指隱隱約約的樣子，「怳怳如聞神鬼驚」，指懷素的書法彷彿有驚天地泣鬼神的效果。

　　書與畫是並稱的，書法與酒脫不了關係，繪畫當然也不例外。

　　吳道子（約西元六八〇至七五九年），陽翟（今河南禹州）人，唐代著名的畫家，後世尊稱他為「畫聖」。唐代宋景玄的《唐朝名畫錄》是這樣評價吳道子的：「凡畫人物、神鬼、禽獸、山水、臺殿、草木，皆冠絕於世，國朝第一。」可見，吳道子善於畫各種題材的畫，他被公認為唐代最偉大的畫家。《歷代名畫記》中說他「每欲揮毫，必須酣飲」，酒刺激了他的創作靈感，使他的思維活躍起來。吳道子剛開始是學書法的，他的老師是賀知章與張旭，或許他好酒的習慣也是從他的兩位老師那裡繼承來的吧！

　　當時長安平康坊菩提寺會覺和尚得知吳道子愛喝酒，就用

酒吸引他為新建的寺廟畫壁畫。在寺廟建成後，會覺和尚準備下百石美酒，將酒裝於大甕中，陳列於寺廟的兩廊之下，故意讓吳道子看到。吳道子看到這麼多酒後，不用和尚開口，就欣然動筆了。

唐代另一位著名畫家王洽也是愛好杯中物之人，由於他善畫潑墨山水，被人稱為「王墨」。王洽嗜酒如命，放浪於江湖之間，每次畫畫都要先喝足了酒，先將墨潑在素絹之上，墨色或濃或淡，王洽根據墨跡的自然形狀加以點染，或為山石，或為雲煙，千變萬化，這種境界不是一般的畫工可以達到的。

唐高宗的時候有個叫胡楚賓的人，他特別擅長醉後寫文章，每當喝到七分醉的時候他就靈感迸發，這時候寫出的文章氣勢磅礴、精彩異常。高宗很喜歡胡先生的文章，經常把他請進宮來，每次來到宮裡皇帝都用金銀器皿為他準備了好酒。他喝完酒寫完文章後，皇帝就把這些金銀器皿賞給了他，這也相當於皇帝給他的潤筆費了。胡楚賓家裡很窮，但他並沒有將皇帝賞賜的東西補貼家用，而是將它們全部送到了酒家。每次他沒錢喝酒的時候就進宮寫字，得了金銀後就拍屁股走人了，皇帝對他的這種行為一點也不生氣。

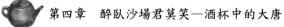第四章　醉臥沙場君莫笑—酒杯中的大唐

第五章　酒酣肝膽尚開張
——酒壯英雄膽

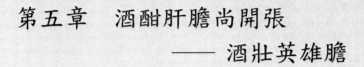

第一節　厄酒弗辭

　　中國歷史上的皇帝據統計有五百多個，這些皇帝能夠給人留下深刻印象的並不多，劉邦就是其中一個讓人津津樂道的皇帝。歷史學家喜歡研究劉邦的豐功偉績，老百姓耳熟能詳的是劉邦的無賴事跡，這裡介紹的是一個酒徒劉邦。

　　當劉邦還是泗水亭長的時候，就是個酒徒，史書上稱他「好酒及色」。劉邦經常在兩位叫王媼、武負的酒店老闆那賒酒喝。每當劉邦喝醉，呼呼大睡的時候，這兩位酒老闆常會看到劉邦的身子上盤踞著一條龍。兩人都覺得很奇怪。劉邦喜歡喝酒，但囊中羞澀，經常付不起帳，只好賒帳。泗水亭長是一種低級的官吏，沒有多少俸祿，他喝不起酒也很正常。但還是有一件不太正常的事情發生了，劉邦每次去那兩家酒店喝酒，兩家酒店的收入就比平常多數倍，王媼、武負兩位賣酒老闆就更加奇怪了。年終結算的時候，即使除去劉邦的酒債，兩家酒店的收入還都比往常要多，於是就免了劉邦的酒債。

　　歷史就是個任人打扮的小姑娘，司馬遷的《史記》雖然被稱為「信史」，也不能完全相信。劉邦喝醉酒後身上會出現龍，這是典型的對集權官僚制社會統治者的神化。司馬遷在寫這個故事的時候也未必相信，但劉邦畢竟是自己王朝的開國君主，他考慮到現實的政治壓力，也只能這樣寫。劉邦去酒店喝酒，

酒店的收入就多起來，司馬遷沒有講原因，但我們可以猜想一下。劉邦是那種生活在社會底層的豪傑，呼朋引伴的能力非常強，他去哪家酒店，他的朋友們也就跟著他一起去，酒店的生意自然就好了。

劉邦與酒的故事這才剛剛開始 —— 鴻門宴，也許是劉邦一生中經歷的最驚險，也最具傳奇色彩的一場酒會了。

早在鉅鹿之戰後，項羽、劉邦和各路反秦勢力約定，先攻入咸陽者為天下之主。結果劉邦出奇兵率先攻入咸陽，滅掉了秦朝。本來按照約定，劉邦可以成為天下之主。但約定歸約定，在政治上，約定必須以實力作為保障，才能真正產生效力。當時項羽的軍事實力遠勝於劉邦，項羽的謀士范增一再鼓勵項羽殺掉劉邦。幸好項羽手下的項伯與劉邦手下的謀士有交情，項伯事先將消息透漏給了劉邦。劉邦決定親赴項羽鴻門營中請罪，項羽聞訊擺下了鴻門宴招待劉邦。劉邦去鴻門參加酒會肯定是膽顫心驚，但是他沒有選擇的權利，他必須去。

在宴會上，劉邦屈身卑辭，極力稱讚項羽的功德，並表示自己能拿下咸陽純屬僥倖，絕對沒有稱王的意思。項羽雖然力能扛鼎，智謀方面卻遠遜劉邦，很快就對劉邦消除了戒心；但另一位老謀深算的人卻沒有那麼容易上當，這個人就是范增。范增屢次對項羽使眼色讓他趁機殺掉劉邦，項羽總是置若罔聞。范增看項羽下不了決心，就決定先斬後奏。他把項羽的

同族兄弟項莊找來，讓項莊在席間舞劍助興的時候趁機殺掉劉邦。項羽毫不知情，就同意項莊舞劍助興。項莊要舞劍，范增、劉邦、張良、項伯都知道是為什麼，項莊本人更不用說了，目的就是要劉邦的命，只有項羽蒙在鼓裡。項莊舞劍，意在沛公，可是項伯在席上以舞劍為名護著劉邦，項莊下不了手。項莊和項伯成膠著狀態，形勢對劉邦十分不利。

張良離席將酒會上的事情告訴了劉邦的大將樊噲，樊噲感覺到了事情的危急，決定闖帳。樊噲帶著劍和盾牌往裡就走，外面的衛士不讓他進去，樊噲用盾牌使勁一撞，外面的衛士就倒了一大片。樊噲來到席上，怒視項羽，目眥盡裂，怒髮衝冠。項羽直起身子，按劍問道：「客人是幹什麼的？」張良急忙向項羽介紹，說這是擔任劉邦戰車警衛的人。項羽說：「這是位壯士，賜給他一杯酒。」樊噲拜謝後，將酒一飲而盡。項羽又讓人拿來了一塊生豬肘子給樊噲，樊噲毫不推辭，將生豬肘子放在盾牌上，用手中的劍切了就吃。項羽看到樊噲豪爽的樣子很開心，說：「壯士！再來一杯怎麼樣？」樊噲說：「我連死都不怕，一杯酒又能算得了什麼！」樊噲接著說了一番責備項羽的大道理，項羽無言以對，只好讓樊噲列席。最後，經過重重波折，劉邦總算才離開了項羽的大營。

後來，人們就把不懷好意而又不得不參加的酒會都稱之為「鴻門宴」。

劉邦是中國歷史上第一位平民皇帝。儘管最後成為九五之尊，但他身上的平民本色一生都沒有褪盡。

一次，劉邦在洛陽南宮請百官喝酒，正喝得高興的時候，他說：「你們各位都不要瞞我，都說說實情，我為什麼可以得到天下，項羽為什麼會失去天下呢？」高起、王陵兩個人說了劉邦的優點和項羽的缺點，認為這是劉邦得天下的主要原因。劉邦並不同意他們的看法，說：「各位只知其一不知其二。出謀劃策，運籌帷幄之中，決勝千里之外，我不如張良；鎮守國家，安撫百姓，供給軍糧，我不如蕭何；領兵打仗，百戰百勝，我不如韓信。這三位，他們都是人中之傑，他們能夠為我所用，這才是我得天下的關鍵原因啊！項羽連一個范增都不能用，這才被我打敗啊！」

劉邦在酒會上說出的這番話十分難得，他不僅客觀評價了張良、蕭何、韓信的功績，更說明了一個重要的道理：得人者昌，失人者亡。除了劉邦的言語外，我們更羨慕當時和諧的君臣關係。君臣一起喝著酒，回憶以前的崢嶸歲月，想想創業的艱難及那些戰死的朋友，這種情景是十分感人的。可惜，劉邦君臣之間的這種和諧關係並沒有維持多久，後來韓信等功臣的慘死就說明了這一點。

劉邦是個政治家，他有多種面孔，他說的話有真也有假，晚年的劉邦也有許多真情流露的瞬間，讓人十分感慨。

劉邦是個傳奇皇帝，同時也是個流氓皇帝，他對自己的流氓行徑一點也不避諱，反而表現得坦誠直率，這也正是他可愛的一面。

西元前一九八年，未央宮建成。劉邦大宴群臣，在新建成的未央宮前殿擺下了盛大的酒宴。劉邦拿起玉酒杯，為自己的父親祝壽。劉邦的祝酒詞十分有意思，讓人忍俊不禁：「我年輕的時候您老人家總是說我不務正業，不能像二哥那樣多置辦產業。今天您老人家看看，是我置辦的家產多，還是二哥置辦的家產多？」殿上的群臣一起大呼「萬歲」，開懷暢飲。

劉邦是個豁達的人，他在為自己父親祝壽的時候說這番話並沒有揭短的意思，只是覺得好玩就說了。劉邦的父親聽到後也只能無奈地笑笑，想必這時他心裡想的是：當年項羽要烹掉我的時候，說分一杯羹是你，讓我享受榮華富貴的也是你，兒子啊，你到底是個什麼樣的人呢？

沛縣是劉邦年輕時候生活的地方，他對自己的家鄉有著深厚的感情；同樣，沛縣父老也以出了劉邦這麼一位大名鼎鼎的人物而感到自豪。

西元前一九五年，劉邦回到了家鄉沛縣，此刻的他已經不是被人瞧不上的無賴劉季，而是衣錦還鄉的大漢開國皇帝劉邦，後代歷史學家筆下的漢高祖。

劉邦在家鄉擺下了盛大的酒會，召集父老鄉親一起來痛飲。

酒酣耳熱後，劉邦親自擊筑，唱出了名垂千古的〈大風歌〉：

　　大風起兮雲飛揚，威加海內兮歸故鄉，安得猛士兮守四方！

　　劉邦一邊自己唱，沛縣的一百二十個小兒在旁邊和。具體的情景雖然已經難以還原了，但我們還可以想像得出當時的景像是多麼的壯觀，多麼的讓人感動！劉邦一邊唱一邊起舞，唱著唱著，舞著舞著，劉邦淚流滿面，對家鄉的父老鄉親說：「在外漂泊的遊子心裡總是想著故鄉的。我雖然把國都建在了關中，但等我死後我的魂魄仍然無法忘懷的是我的故鄉沛縣。我是以沛公的身分起兵討伐暴秦的，後來終於取得天下。我要把我的家鄉當作我的封地，免除百姓的賦稅徭役，永遠都不用再納稅服役。」劉邦在沛縣的日子裡，父老鄉親們天天快活飲酒、盡情歡宴，非常開心。十多天後，劉邦要走了，父老鄉親們堅決地要求劉邦多留幾天，劉邦感動地說：「我的隨從太多了，父老鄉親們供應不起啊！」劉邦要離開那天，城裡全空了，百姓都趕到城西去送劉邦各種禮物。劉邦迫於父老的盛情，又留了下來痛飲了三天。

　　高祖還鄉是一種美談，也為後世許多人豔羨。劉邦回到了自己的家鄉，流下了動情的眼淚。他和家鄉父老痛飲無疑是痛快的，在家鄉父老的眼中，他不僅僅是大漢的天子，更是一個回家的遊子。

劉邦的一生都與酒緊密相連，這些酒有的是他不願意喝而必須喝的，有的是他情願喝的，有時候是帶著真情喝，有時候是懷著假意喝。酒是劉邦多彩的生命樂章中重要的一節，酒讓劉邦這個傳奇皇帝更加可愛。從這方面說，劉邦不愧是一個酒徒皇帝。

第二節　濁酒盡歡

滾滾長江東逝水，浪花淘盡英雄。是非成敗轉頭空。青山依舊在，幾度夕陽紅。

白髮漁樵江渚上，慣看秋月春風。一壺濁酒喜相逢。古今多少事，都付笑談中。

明代文學家楊慎的這首詞因小說《三國演義》而流傳，尤其是它被譜上曲成為電視連續劇《三國演義》的主題曲後，更是家喻戶曉、婦孺皆知。其實最初版本的《三國演義》中並沒有這首詞，這是毛宗崗後來加上去的。這首詞將歷史的滄桑之感表達得十分準確，很切合歷史小說《三國演義》的氛圍，毛宗崗的眼光是獨到的。「一壺濁酒喜相逢」，這句話非常有意境，《三國演義》講的是英雄的智慧、謀略和勇武，英雄總是和酒分不開的。

酒壯壽亭威

　　關羽是中國歷史上的幸運兒，他不僅是歷史上勇將的代名詞，也是中國歷史上鼎鼎大名的關聖帝君。他的廟宇遍布天下，他的威名婦孺皆知。關羽的赫赫威名除了他本人的歷史功績確實值得尊敬外，很重要的一個原因是得益於《三國演義》對關羽形象的成功塑造。

　　關羽的威名第一次為天下諸侯所知，也是與酒相關，這次揚名立萬的事件就是著名的溫酒斬華雄。真正歷史上的關羽並沒有殺過華雄，華雄是被江東猛虎孫堅殺掉的。歷史的真實是怎麼樣已經不再重要，人們記住的是關雲長溫酒斬華雄的英姿，這就是小說藝術的魅力。

　　溫酒斬華雄是關羽的嶄露頭角之戰，也是小說家羅貫中的得意之筆，魯迅先生對這段的描寫讚不絕口。

　　天下諸侯共討董卓，董卓的驍將華雄悍勇異常，諸侯們束手無策。江東猛虎孫堅敗於華雄之後，群雄更是膽顫心驚。袁術手下將領俞涉、韓馥手下將領潘鳳接連被斬，群雄十分震悚，諸侯盟主袁紹也束手無策，只能感嘆自己的上將顏良、文醜沒在，不然一定可以殺掉華雄。

　　——這時關羽出場了。關羽昂首闊步，來到手忙腳亂的諸侯面前，大聲說自己可以斬華雄。經過詢問，袁紹、袁術才知道關羽只是縣令劉備的馬弓手。他們十分生氣，不僅不讓關羽

出戰，還要將他亂棍打出大帳。這時候幸虧另一位有眼光的英雄——曹操出來相勸。曹操對袁氏兄弟說，關羽敢說大話，說不定真有本事，可以讓他試試。關羽的相貌不俗，華雄哪裡會知道他是馬弓手。曹操不愧是慧眼識英雄的有識之士，關羽一方面感激曹操的知遇之情，另一方面也對諸侯的有眼無珠憤慨不已，決心以滿身本領讓他們刮目相看。這時，羅貫中寫道：

關公曰：「如不勝，請斬某頭。」操叫釃熱酒一杯，與關公飲了上馬。關公曰：「酒且斟下，某去便來。」出帳提刀，飛身上馬。眾諸侯聽得關外鼓聲大震，喊聲大舉，如天摧地塌，岳撼山崩。眾皆失驚。正欲探聽，鸞鈴響處，馬到中軍，雲長提華雄之頭擲於地下。其酒尚溫。

這裡的酒是關羽神威的襯托，「其酒尚溫」四個字側面烘托出了關羽的勇武。透過這四個字，我們可以感覺到，對關羽來說於百萬軍中取上將首級就如同探囊取物一般。關羽的神威非酒無以表現，難怪後人覽畢感慨說：威鎮乾坤第一功，轅門畫鼓響咚咚。雲長停盞施英勇，酒尚溫時斬華雄！

關羽晚年攻樊城之時，手臂中了毒箭，傷勢十分嚴重，若不趕緊治療可能一條手臂就廢掉了。醫治英雄的傷患，醫生肯定不能是庸手——這個醫生就是中國醫學史上的名醫華佗。華佗看過關羽的臂傷後，告訴關羽可以醫治，但是擔心關羽怕疼。關羽笑道：「我視死如歸，有什麼可怕的！」關羽拒絕了

華佗提出的用布蒙頭、用柱子固定手臂的建議，讓華佗直接醫治，刮骨療毒。

關羽一邊飲酒，一邊與馬良下棋，就跟沒事人一樣。華佗割開皮肉，用刀刮骨，悉悉有聲。大帳上的人聽到後，掩面失色。關羽卻照常飲酒吃肉，談笑下棋，一點痛苦的樣子都沒有。醫治完畢後，關羽說：「這條手臂已經能伸能舒，一點都不疼了。先生真是神醫啊！」華佗說：「我當了一輩子的醫生，為無數的人看過病，從來沒有見過像將軍這樣神勇的，將軍真是天神啊！」

人們為關羽一邊喝酒一邊接受無麻醉手術的瀟灑而欽佩，為華佗的醫術而嘆服。酒永遠與刮骨療毒連繫在了一起。

關羽一生的事跡都和酒相關，酒成全了關羽，關羽也成全了酒。酒讓人體會到什麼叫智慧的英雄，勇武的英雄，儒雅的英雄，酒激發了人們對英雄的憧憬，酒總是和人們的英雄夢連繫在一起。

劉備與酒

劉備也是個傳奇的皇帝，在後人的心目中，他一直與許多的歇後語連繫在一起，比如「劉備摔孩子 —— 收買人心」、「劉備借荊州 —— 有借無還」、「劉備的江山 —— 哭出來的」等。民間的這些說法其實都是誤解，劉備是集權官僚制社會傑出的政

治家，他得到江山成為一國之君與他的雄才是分不開的，絕不是只知道哭哭啼啼的偽君子。劉備也是一個愛酒的皇帝，無論是正史還是小說，都記載了不少這樣的故事。透過這些酒香，我們可以發現一個真正的劉備。

劉備與曹操、孫權最大不同的地方在於，他前期一直沒有一塊固定的根據地，一直顛沛流離，過著寄人籬下的生活。劉備暫時依靠曹操的時候，怕曹操知道自己胸懷大志，就天天在園子中種菜來韜光養晦。這時，曹操請在家「專心」當農夫的劉備去喝酒。就這樣，歷史上著名的酒會 —— 青梅煮酒論英雄開始了。

曹操、劉備開懷暢飲，但同時又是各有懷抱。酒到半酣的時候，天空陰雲密布，馬上就要下雨了。這時曹操開腔了：「劉使君知道龍的變化嗎？」劉備回答不知，是真不知還是假不知只有劉備自己心裡有數了。曹操說：「龍能大能小，能升能隱，大的時候在天空吞雲吐霧，小的時候就將自己的形體藏起來；龍升空就會在宇宙之間飛騰，隱藏的話就會潛伏在波濤之內。現在正是春天，龍在這個季節飛騰變化，就和英雄得志縱橫四海一樣。龍可以用來比喻四方的英雄。玄德你經常在外面奔走，一定了解當世的英雄，快請說說看。」劉備自然是謙虛得很，說自己承蒙曹操的恩典才可以在朝廷建功，天下誰是英雄自己實在不知道。曹操自然不信這一套，一再要求劉備說，劉備也只

好說了。這場酒宴雖然沒有刀光劍影，但曹操的酒也不是任何人都可以喝得起的。

劉備先說兵糧足備的淮南袁術是英雄，曹操不同意，認為袁術這個人已經是墳墓裡的骨頭死了半截的人，早晚會成為自己的階下囚。劉備接著又說袁術的堂兄袁紹是英雄，因為袁紹的祖上好多代都在朝廷做官，許多朝廷官員出自袁家門下，袁紹又占據了冀州，手下能做事的人很多，所以袁紹當得起英雄之名。曹操對自己曾經的老朋友袁紹嗤之以鼻，因為袁紹好謀無斷，做大事卻害怕丟掉性命，見了蠅頭微利卻不顧死活，這樣的人在曹操眼裡根本不是英雄。劉備又問威震九州的劉表是不是英雄，曹操也不同意，因為劉表徒有虛名而無其實。劉備又問血氣方剛的江東領袖孫策是不是英雄，曹操說，孫策是憑藉其父孫堅的餘烈成名的，不是英雄。劉備最後又舉了劉璋、張繡、張魯、韓遂等人，曹操對這些人更是看不上眼，認為他們不過是碌碌小人。劉備只好說，除了這些人之外，就實在不知道誰人可稱英雄了。

不料，曹操對英雄有著自己獨到的看法：

夫英雄者，胸懷大志，腹有良謀，有包藏宇宙之機，吞吐天地之志者也。

劉備問，誰可以當得起這種稱譽。曹操先用手指了指劉備，然後指了指自己，說：「天下英雄，就只你和我咱們兩個。」

劉備聽到這話後，大吃一驚，手中的筷子也掉到了地上。這時天空傳來了轟隆隆的雷聲，劉備從容不迫地撿起筷子，自我解嘲地說：「想不到打雷的威力這麼大！」曹操笑著問：「大丈夫也怕打雷嗎？」劉備說：「聖人有言，打雷後天地風雲都會發生變化，怎麼會不怕！」

　　這場酒宴是兩個英雄之間的巔峰對決，兩人劍拔弩張的對話是這場酒宴最好的下酒物。曹操說出自己對英雄的看法後，劉備內心其實早已驚慌失措，因為他知道，自己韜光養晦的策略並沒有瞞住曹操。因此故意借怕打雷來掩飾自己的大志，但能否騙過奸雄曹操，也只有他們兩個人最清楚。他們兩個人是天生的死對頭，同時也是惺惺相惜的知己。這場酒宴讓奸雄曹操、梟雄劉備回味了一輩子，也讓後世的讀者回味了一代又一代。

　　劉備自己愛喝酒，但造酒有時候會浪費糧食，他當皇帝後曾經在蜀中頒布過禁酒令。他規定，在大旱的時候釀酒的人要受到刑法的處罰。官吏從一戶人家中搜到了釀酒的工具，有人認為這與釀酒是同樣的罪過，要受一樣的懲罰。這時劉備的大臣簡雍對劉備進行了巧妙的進諫。一天，簡雍與劉備出去一起遊玩，看到路上有一個男人，簡雍對劉備說：「這個男人要犯強姦罪，為什麼不把他捆起來？」劉備覺得簡雍的話說得莫名其妙，就問他是怎麼知道這個男人想犯強姦罪的，簡雍說：「他有

犯強姦罪的工具啊，這和先前那個家藏釀酒工具的人會去釀酒一個道理啊！」劉備聽後大笑，就免除了那個家藏釀酒工具之人的罪過。

這是一個關於酒的納諫故事，這則故事說明當了皇帝的劉備還是很和藹大度、從諫如流的。

孫郎杯酒定人心

孫權是三國三位霸主中最年輕的一位，他和曹操、劉備一樣，都是三國時代的傑出政治家。辛棄疾的一首〈南鄉子・登京口北固亭懷古〉，將孫權的英雄氣概刻畫得淋漓盡致：

何處望神州，滿眼風光北固樓。千古興亡多少事？悠悠，不盡長江滾滾流！

年少萬兜鍪，坐斷江南戰未休。天下英雄誰敵手？曹劉，生子當如孫仲謀！

孫權舉行過許多的酒宴，他的酒宴十分溫馨，讓人覺得好像是一家人在團聚。在他這裡，酒宴成了凝聚君臣之心的黏合劑——這也正是孫權酒宴的高明之處。

周泰是孫權的一位大將。孫權很小的時候，周泰就救過孫權的命。在後來的合肥之戰中，周泰為救護孫權，多處受傷，體無完膚。戰後，孫權設酒宴專門犒賞周泰。孫權親自為周泰斟酒，撫摸著周泰滿是傷痕的背部，淚流滿面地說：「愛卿兩

次不惜性命冒死相救，身中十數槍，皮膚像刀刻過一樣，我又如何忍心呢？愛卿你這樣對我，我又怎麼能不把愛卿當骨肉看待，將兵馬大權讓愛卿掌管呢？愛卿，你是我的功臣，我一定會同你患難相扶、榮辱與共的！」說完，孫權令周泰解開衣服，讓眾將觀看。只見周泰的皮膚如同被刀刻過一樣，全身都是傷痕。孫權用手指著那些傷痕，問周泰什麼時候留下的，周泰詳細地敘述當時的戰鬥情景及如何受傷的。孫權每指出周泰的一處傷痕，就敬他吃一大杯酒。這次酒宴，周泰喝得大醉。酒後，孫權命人用自己的儀仗將周泰送回家，以示恩寵。劉備君臣之間的魚水之情讓人神往，孫權與周泰之間雖是君臣、卻勝似骨肉的情分也讓人感慨。

比起群英會、青梅煮酒來，孫權的酒宴是輕鬆的，有時候孫權還會在酒宴上向自己的大臣開一些無傷大雅的玩笑。因此，江東君臣酒宴的氣氛一直是十分融洽的。

諸葛瑾，字子瑜，是諸葛亮的兄長。他有一個從小就聰明異常的兒子，名字叫諸葛恪。一次酒會，孫權大宴群臣。孫權看到諸葛瑾的臉長得長，就想對他惡作劇。他讓人牽來一頭驢，讓人在驢頭上書寫「諸葛子瑜」四個字，這是在笑話諸葛瑾長了一張驢臉。這時，同席的諸葛恪跪下來說：「請允許我增加兩個字。」孫權讓人將筆拿給他，他在四字下面增加了「之驢」兩個字，一下子變成了「諸葛子瑜之驢」。孫權和群臣大驚，都

為諸葛恪的智慧嘆服，孫權也順便將驢賜給了諸葛恪。這時的諸葛恪年僅六歲。

我們從這個酒會裡絲毫看不出等級森嚴的上下級關係，這種酒會氛圍讓人感覺像是一家人在小聚。諸葛恪在酒會上的出色表現還有許多，其中一次就是勸重臣張昭飲酒。

一次，孫權大宴百官。輪到張昭的時候，張昭拒絕喝酒，他認為讓老年人喝酒是不禮貌的行為。孫權問諸葛恪能否讓張昭喝酒，諸葛恪爽快地答應了。諸葛恪對張昭說：「當年姜子牙九十歲的時候還掌握軍權為武王出力，沒有說過自己年紀大了。現在上陣打仗的時候，先生您在後面；飲酒歡宴的時候，先生您在前面。怎麼可以說是喝酒不尊重老人呢？」張昭無言可對，只能不情願地喝了酒。孫權對諸葛恪的才能十分感嘆，後來讓他輔佐太子。

孫權跟他的父兄孫堅、孫策一樣，都是豪爽人。他不僅喜歡親自射獵，還喜歡喝酒。有時候喝得很放縱沒有節制，許多大臣就要進諫。孫權的許多大臣論年齡都是他的父輩，這些大臣的勸諫有時候讓人覺得他們不是在勸自己的君主，而是在勸自己不懂事的孩子。

孫權有一次在武昌的釣臺上舉行酒會，自己喝得大醉，手下的大臣也喝得七倒八歪。孫權還是不肯停止，他讓人用水灑在大臣的臉上，讓他們清醒後繼續喝。並下令說：「今天的這場

酒，除非喝到從釣臺上掉下來，否則誰也別想停下來。」張昭臉色嚴肅，一句話沒說走出酒會，坐到了自己的車中。孫權派人將張昭叫回來，說：「君臣一起喝個酒高興一下，張大人發什麼脾氣啊？」張昭說：「以前紂王造酒池，每天夜裡都喝個痛快，紂王當時也覺得很快樂。」孫權聽後沉默不語，臉上顯出很慚愧的神色，只得下令停止宴飲。

　　孫權不僅愛喝酒，還擅長以酒試才。一次，孫權與群臣喝酒，他見魯肅在酒宴上欲言又止，就在酒宴結束後將魯肅單獨留下來。孫權與魯肅「合榻對飲」，幾杯酒下肚，魯肅就為孫權分析天下大勢了。他說漢室已經無法再興，曹操勢力很大，一時半會兒也消滅不掉，只有先占據江東以觀天下之變，然後待時機成熟以圖天下。孫權聽後大喜，這可以說是江東版的「隆中策」。

第三節　大碗暢飲

　　《水滸傳》是中國第一部描寫農民起義題材的小說，它塑造了眾多栩栩如生的英雄形象，宋江、武松、李逵、林沖、魯智深等人物更是千古若活，深深地印在了千百萬讀者的心中。梁山好漢的相貌不同，性情不同，本事不同，但他們有一點是相同的：他們都愛喝酒，酒量驚人，他們是酒場上的不倒翁。大

碗喝酒，大塊吃肉，這是梁山好漢的人生理想。據學者統計，酒是全書出現頻率最高的實詞，《水滸傳》中「酒」這個字共出現了一千九百一十次，幾乎每一回都有酒。酒是《水滸傳》最為重要的文化符號，《水滸傳》是酒文化的集大成之作。

百味釀成及時雨

如果向讀者做一個調查，問他喜歡哪位梁山好漢，林沖、武松等都會是熱門人選，但選擇宋江的人會很少。宋江是一個十分複雜的人物形象，有的批評家認為他是「忠義之烈」，還有的批評家認為他是「假道學，真強盜」……這些不同的聲音集中於宋江身上，有時候讓讀者覺得這個人物難以理解。酒或許是揭開宋江身上謎團的一把鑰匙。

宋江原是鄆城縣的一名小吏。他的命運轉折源於他私放晁蓋的義舉，從此他開始在忠與義之間徘徊。宋江資助了落難鄆城縣的閻婆惜母女，閻婆惜的母親感激宋江的搭救之恩，將女兒給了宋江做外室。剛開始兩人的關係還是如膠似漆，但宋江是個做大事的人，不能總在男女之情上打轉，閻婆惜逐漸對宋江心生不滿。宋江帶自己的屬下張文遠來自己住的地方喝酒，閻婆惜看到風流倜儻的張文遠後情愫暗生，兩人很快就勾搭在一起。宋江本來是好意請張文遠來自己家吃酒，誰知道會惹出這種醜事。酒是色媒人，這話一點不錯。

宋江知道這件事情後，就不主動上門了。閻婆惜的母親知道這樣長此下去不是辦法，因為宋江是母女兩個的衣食父母，就趁機將宋江強行拉到了家中，擺下酒宴，讓女兒為宋江賠不是。此時閻婆惜的一顆芳心都撲到了張文遠身上，哪有心思理宋江，對宋江沒有一點好臉色。閻婆惜拗不過母親，又想儘早打發了宋江，只得勉強陪宋江吃了幾杯。宋江窩了一肚子火，大晚上想走又走不開，只好隨便在閻婆惜床頭歇了一夜。

一大早宋江就離開了，在買醒酒湯的時候，他突然想起自己的招文袋忘在了閻婆惜那裡。招文袋裡的其他東西都無關緊要，裡面有晁蓋送給自己的密信，這讓別人知道了，可是要滅九族的。宋江怕什麼事情，什麼事情就來了，密信落到了閻婆惜手中。閻婆惜有了把柄在手，一再刁難宋江，向他提各種條件，宋江都答應了，包括她改嫁張文遠。閻婆惜仍然不依不饒，宋江心頭火起，拔刀殺了閻婆惜。

這都是酒惹的禍，宋江不請張文遠來家喝酒，張文遠與閻婆惜也不會勾搭成奸；宋江不在閻婆惜那裡喝了悶酒，也不會丟了招文袋，不丟招文袋，宋江也不會殺閻婆惜。從此，宋江的命運改變了，他由鄆城縣受人尊敬的宋押司變成了朝廷的通緝犯，只能背井離鄉，流落江湖。

宋江在結識李逵、張順等好漢時心裡十分高興，開懷暢飲，酒喝多了，生了幾天病。病好後，宋江想請李逵、張順等

好朋友喝酒，但一個朋友都沒有找到。落魄江湖，家鄉萬里，良朋不在，宋江的心情可想而知。他信步走上了江州有名的潯陽酒樓，酒樓上有副對聯：世間無比酒，天下有名樓。酒保問宋江是自飲還是請客，宋江說自己等兩位客人，但人沒有來。酒還沒有喝，宋江的心就醉了，他為自己的壯志難酬而感到委屈，為自己身在江湖心懷朝廷感到痛苦。俗話說，酒逢知己千杯少，宋江一個人自飲自酌，再加上心情不佳，不自覺地就有些沉醉了。

對著江州美景，想想自己囚徒的身分和臉上的金印，宋江忍不住感慨良多。宋江想，自己生在山東，長在鄆城縣，雖然只是官府的一個卑微的小吏，卻也結識了不少英雄好漢，留下了「山東及時雨」的虛名，現在年紀已過三旬，功不成名不就，卻被刺配到了江州，家鄉的父老兄弟什麼時候才可以見面啊！宋江酒量本不小，喝得也不多，但是痛苦鬱積到胸中，酒入愁腸，一會兒就醉了。宋江想起自己所受的磨難和委屈，忍不住悲從中來，潸然淚下。於是趁著酒興，將自己所思所想寫了出來：

自幼曾攻經史，長成亦有權謀。恰如猛虎臥荒丘，潛伏爪牙忍受。

不幸刺文雙頰，那堪配在江州！他年若得報冤仇，血染潯陽江口。

在這首〈西江月〉後，宋江又寫了四句詩：

心在山東身在吳，飄蓬江海謾嗟吁。

他時若遂凌雲志，敢笑黃巢不丈夫！

寫罷詩，又在後面大書五字「鄆城宋江作」。

這就是有名的宋江吟反詩的故事，宋江因為這兩首詩差一點丟了性命。好在有眾梁山好漢大鬧江州，救出宋江。但宋江也因此退無可退，只好上了梁山入夥。宋江的這次醉酒是人生的一次轉折點──從此以後，他只能先把「忠」字埋在心中，將「義」字放在第一位。但宋江與只希望過大碗喝酒、大塊吃肉生活的其他梁山兄弟不同，他要為梁山兄弟找一條出路，不能讓弟兄們背著「賊寇」的名字過一輩子。

梁山兄弟對招安的看法是不一致的，許多人持反對態度。宋江在重陽佳節舉行了一次盛大的酒會，與眾兄弟同賞菊花，共度佳節，宋江想趁機向弟兄們說一下招安的事情。酒會上眾兄弟開懷暢飲，興高采烈，燕青、馬麟兩位好漢還吹奏起了樂器為大家助興。宋江喝得大醉，乘著酒興，填了一首〈滿江紅〉，讓擅長唱歌的好漢樂和唱。大家聽得都很高興，但樂和唱到詞中的「望天王降詔早招安」的時候，許多好漢勃然大怒。打虎英雄武松首先發話：「今天招安，明天招安，冷了眾兄弟的心。」性如烈火的李逵更是連桌子都掀翻了，魯智深也表示了自己對招安的不滿。這場酒會不歡而散。

雖然弟兄們對招安有不同的意見，但宋江報效朝廷的心是

永遠不會變的。宋江經過種種的周折終於實現了招安，帶領梁山弟兄們為朝廷南征北戰，十之七八的梁山好漢血染沙場。宋江的忠心並沒有感動朝廷，朝廷的奸臣瞞著皇帝送來了毒酒，宋江明知道是毒酒還是喝了。他不僅自己喝了，還騙李逵一起喝，因為他怕李逵在自己死後造反，壞了自己的忠義之名。宋江臨死前的話表達了自己對朝廷的耿耿忠心：

我為人一世，只主張忠義二字，不肯半點欺心。今日朝廷賜死無辜，寧可朝廷負我，我忠心不負朝廷。

宋江因為酒，殺了閻婆惜；因為酒後寫反詩，上了梁山泊；最後，在朝廷的一杯毒酒中走完了自己的人生路。宋公明的酒，是英雄酒，是忠義酒，是無奈酒，是心酸酒。

智深逞酒任俠義

梁山好漢是一個統稱，其實並不是每個人都能稱為好漢，有許多人的惡行甚至令人髮指。若找出梁山好漢裡面的一個完人的話，首推的是花和尚魯智深。魯智深一生的作為可用《水滸傳》中的兩句話概括：禪杖打開危險路，戒刀殺盡不平人。魯智深的一生遇弱便扶助，遇強便打，遇酒便喝，遇事便做，魯智深喝的酒是俠義酒。

魯智深一生與酒結緣，他第一次露面的地點就是酒樓，只不過當時他的名字還不叫魯智深，而是叫魯達。史進向魯達

打聽自己師父的情況時遇到了他，兩位英雄相見恨晚，馬上就觥籌交錯起來，後來又加入了李忠。三位好漢一邊喝酒一邊談話，十分暢快，這時總是被不知從哪裡傳來的哭聲攪擾。魯達十分生氣，就問店小二是怎麼回事，店小二講述了事情的原委。正在哭泣的是一對可憐的父女，他們被惡霸鎮關西欺負得走投無路，父女倆每天被逼還債。魯達聽後勃然大怒，酒不喝了，他決定幫助這兩位苦命人脫離苦海。他將隨身帶的五兩銀子給了這對父女，史進也資助了十兩。如果不是史進、李忠拚命地攔住，魯達聽到父女倆的訴苦後就準備去打死那個欺負人的惡霸。

三人分手後，魯達連晚飯都沒吃，氣呼呼地睡了。第二天，他三拳打死了鎮關西，提轄的官職丟了，自己也落得個亡命江湖的下場。──什麼叫俠義，將別人的事情當成自己的事情就叫做俠義，魯達就是俠義的代表。

魯達因為救人的緣故只好在五臺山落髮為僧，從此他有了個新名字魯智深。魯智深嗜酒如命，讓一個嗜酒如命的人當和尚，可以想像會有什麼樣的後果：魯智深兩次醉鬧了五臺山，打得寺裡的僧人東倒西歪，在五臺山也待不下去了。魯智深第二次醉鬧五臺山特別有意思，這麼個莽和尚為了喝酒也能想出一些小伎倆。

五臺山下邊有一個市井，賣什麼東西的都有，魯智深感到

很高興，因為他不用搶酒喝，可以光明正大地買酒喝了。他接連去了好幾家酒店，但沒有人賣酒給他。原來山下店鋪的本錢都是寺廟裡的，寺廟有規定不允許賣酒給五臺山的和尚，否則寺廟會收回本錢。魯智深去了好幾家酒店，酒香惹得他喉嚨都癢癢了，可是他也只能望酒興嘆，沒有酒店賣酒給他。有酒，有錢，卻沒有人賣酒給他，這是魯智深遇到的一大難題，這個難題還不是用拳頭可以解決的。人急智生，酒急智亦生，魯智深還真讓自己的酒癮給逼出了辦法。

一次，他來到一個酒店，不等店主人開口就自報家門，說自己是過往的僧人來買酒吃，店主人剛開始對魯智深的過往僧人身分表示懷疑，可誰也沒法證明魯智深是五臺山來的，再說開店總是要賺錢的，店主人為魯智深搬出了酒。魯智深旁若無人地喝了兩桶酒後搖搖擺擺地往五臺山方向去了，店主人目瞪口呆了大半天。

這第二次的醉鬧五臺山後果十分嚴重，魯智深不能在五臺山待了，他被師父推薦到了大相國寺。

在桃花村投宿的時候魯智深醉打了小霸王周通，並逼周通保證再也不騷擾桃花村。一般人喝醉了只能呼呼大睡，梁山好漢喝了酒後卻精神百倍，這就是所謂的「酒壯英雄膽」吧！酒是梁山好漢最好的飲料，是英雄的興奮劑。用魯智深的話來說，叫：

一分酒只有一分本事，十分酒便有十分的氣力。

魯智深嗜酒如命，哪天魯智深突然不喝酒了，那只能是一種原因：他遇到了比自己的生命更重要的事情。一次，魯智深與武松一起來到少華山勸史進加入梁山，此時的史進因為仗義救人被關進了大牢。魯智深當天就想去救史進，被武松勸阻了，當天晚上少華山的頭領舉行酒宴為魯智深接風洗塵，魯智深一滴酒都沒有沾。史進在牢中是刀板上的肉，不知道什麼時候就可能人頭落地，魯智深哪有心情喝酒。第二天他就去救史進了，自己中了圈套也被關進了大牢。後來宋江帶領梁山兄弟大鬧西嶽華山，救出了魯智深、史進，史進帶著自己的人馬上了梁山。

魯智深是個好酒的英雄，他喝的是俠義酒，酒是他行俠仗義的鐵拳。

伏虎原須佳釀功

歷史記載有許多人打死過老虎：子路打虎、卞莊刺虎、李存孝打虎……《水滸傳》中還描寫了李逵殺四虎，解珍、解寶兄弟射老虎。但是要問誰打虎最有名，當然要數景陽崗上的武松。武松是《水滸傳》中的重要人物，他是武功高手，更是酒場高手，他一生成名露臉都與酒密不可分。

武松第一次露臉無疑是景陽崗打虎，這使他名垂千古。這

次英雄壯舉不僅為武松揚了名，也為酒揚了名。「透瓶香」又叫「出門倒」，是有名的烈酒，一般人喝三碗就已經不省人事了，更不用說過景陽崗，因此又叫「三碗不過崗」。武松卻連喝了十八碗，居然沒有醉，這樣的酒客店主人還是第一次見。明知山有虎偏向虎山行，武松爛醉之中打死了一隻老虎，為陽谷縣的百姓除了害。知縣抬舉他做了步兵都頭，從此過上了悠閒的日子。但他的命運卻因為一個女人改變了，這個女人讓他由打虎英雄變成了殺人犯，這個女人就是文學畫廊裡鼎鼎大名的潘金蓮。

武松身高八尺，相貌堂堂，武松的哥哥武大郎身體矮小，相貌醜陋。武松一進家門，潘金蓮就愛上了他。潘金蓮剛開始對武松是無微不至地關懷，武松是個直腸子的漢子，只把她當成自己敬愛的嫂子，根本不知道潘金蓮是別有用心。潘金蓮按捺不住，她選擇在一個大雪天的酒宴上對武松吐露心事。潘金蓮要與武松吃酒，武松提議等哥哥來到後一家人一起開懷暢飲，潘金蓮不同意。在吃第二杯酒的時候，潘金蓮讓武松吃個「成雙杯」，武松雖然一飲而盡，心中卻十分不快。潘金蓮屢次說些風言風語試探武松，弄得武松心情十分厭惡，他是個聰明人，礙於情面只好隱忍不發。潘金蓮決定不拐彎抹角了，她倒了一杯酒後，自己喝了一口，讓武松如果對她有意就喝掉剩下的酒。武松再也不能裝不懂了，他大聲地斥責了潘金蓮，後來又搬出去住了。

武松醉後打老虎，凶險萬分，他與潘金蓮的這場酒宴較之上次，更加凶險。武松不愧為真英雄，在猛虎面前是真漢子，在自己的嫂子面前，更是真君子。

　　潘金蓮與西門慶私通害死了武大郎，武松要為自己的哥哥報仇。報仇的過程與酒也是分不開的。他先請何九叔吃酒，問出了自己哥哥死亡的真相，然後帶著證人和證物去衙門告狀，衙門早就被西門慶收買了，不許他告狀。他又設了一個酒宴請嫂子、王婆、鄰居們赴宴，逼著嫂子說出了事情的原委，在酒宴上當著眾人的面殺嫂祭兄。武松殺了嫂子後又來到酒店「獅子樓」殺了正在酒宴上尋歡作樂的西門慶。

　　武松與潘金蓮的故事始終是和酒連繫在一起的。酒是色媒人，潘金蓮想在酒宴上勾引武松被武松痛斥，她肯定不會想到自己和情人的性命也會終結在酒宴上。真是造化弄人！

　　武松被刺配孟州，在十字坡酒店裡他遇到了另一個女人，賣人肉包子的孫二娘。

　　孫二娘是個殺人狂魔，許多人都喝了她的蒙汗藥，成了她手中的包子餡。她的那一套把戲騙別人或許可以，騙久在江湖上行走的武松無疑是班門弄斧。孫二娘端來了加上蒙汗藥的酒，兩個防送公人馬上就喝了，武松卻說自己喝不得寡酒，讓她去切點肉做下酒菜。武松等孫二娘轉身離去的時候，將藥酒潑到了牆角。武松看兩個公人時，那兩位公人早已被酒中的蒙

汗藥放倒了，武松也假裝中了毒躺倒在地。店夥計想來搬武松，卻發現武松重有千斤，孫二娘只得親自下手，卻反被武松制伏。後來雙方說明原委，武松與孫二娘夫婦結為了兄弟，這正是不打不相識。

武松來到了孟州監獄，監獄的官員一直對他另眼相看，對他不打不罵，還天天好酒好肉地伺候著，武松自己心裡感到很納悶。幾天後，這酒肉他不吃了，他要打開這個悶葫蘆。原來是監獄裡的小官營有求於他。官營相公的兒子名叫施恩，江湖人送外號金眼彪。他在一個叫快活林的地方有處買賣讓一個叫蔣門神的人給搶了，想讓武松幫他奪回來。武松知道了詳情，覺得在異鄉遇到了知己，自然十分感激。兩人就痛飲了一番，結拜成了兄弟。吃人家的嘴短，拿人家的手軟，更何況是兄弟的事情，武松二話沒說就答應了施恩的請求。

在去快活林的路上，他提出了個「無三不過望」的要求，也就是：只要有賣酒的店鋪就要進去喝三碗酒。從孟州牢城到快活林，路上的酒店何止十家八家，武松一路上也喝了數十碗酒。武松果然是大英雄，不負所託，儘管酒醉，還是醉打了蔣門神，幫施恩奪回了買賣。

武松為朋友兩肋插刀，卻為自己帶來了滅頂之災。蔣門神不甘心失敗，勾結張都監、張團練設下毒計陷害武松，武松又一次被刺配。

張都監讓武松做自己的親隨，武松自然感激涕零。在只有家眷可以參加的中秋酒宴上，張都監不僅讓武松毫無拘束地開懷暢飲，還說要將自己府裡的養娘許配給武松。武松真覺得自己遇到了人生的知己。哪知這一切都是麻醉武松警惕心的糖衣砲彈，毫無防備的武松果然還是中了他們的毒計。這次張都監他們不準備讓武松活著，計劃在飛雲浦害死武松。結果武松大展神威，殺盡張都監一門老幼。

　　武松殺了人後又來到了孫二娘夫妻的酒店，孫二娘將武松改扮成行者的模樣，去二龍山投靠魯智深入夥去了。

　　《水滸傳》中武松的章節以醉打猛虎開篇，以醉打孔亮結尾，武松的故事始終與酒相始終。「酒壯英雄膽」，這句話在武松身上得到了最完美的體現。酒襯托了武松壯麗的人生篇章，酒激盪起武松不竭的生命洪流！茶交隱士，酒交豪俠，信哉此言！

第四節　酒逢「知己」

　　知己，這是一個令人神往的名字。許多人都渴望有一個知己，但知己又是可遇不可求的。古今中外有許多令後人仰慕的知己之交，比如鐘子期與俞伯牙，馬克思與恩格斯，魯迅與瞿秋白……他們流傳千古的友誼讓人感慨，讓人羨慕。異性之間

也是如此，能得到一個紅顏知己，這是大部分男人的夢想，像唐代的李靖與紅拂女，近代的蔡鍔與小鳳仙……人人都渴望知己，若知己不是人而是異類，是鬼，是狐狸，又會怎麼樣呢？蒲松齡的《聊齋志異》講述了幾個關於和異類做朋友的故事。這些異類知己與人交往的故事，都是以酒開始的。

隔世對飲

　　有句諺語說「世人結交須黃金，黃金不多交不深」，一語道破了人情薄於紙的世情真相。朋友之間因名利而反目成仇的比比皆是，如歷史風雲人物張耳、陳餘，由生死之交變成了死對頭。真摯的友情往往難得，人們在人世間很難得到，就轉而向異類中求。《聊齋志異》中王六郎的故事就講述了這樣一個感人肺腑的故事。

　　一個漁夫非常喜歡喝酒，每當飲酒時，他都將一部分酒倒入河水中，請那些與自己有同樣愛好的鬼魂來喝。每次他向河中倒酒，都會說：「請河裡喜歡喝酒的酒鬼來享用吧！」這已經成了他的一個習慣。說來也怪，每次打魚時，他捕獲的魚都比別人的多。

　　一天晚上，漁人像往常一樣一個人在河邊喝酒，不知什麼時候過來一個少年，一直在他的身邊徘徊。漁人邀請少年與自己一起共飲美酒，少年爽快地答應了，與他共飲起來。少年的

名字叫王六郎。他告訴漁夫,自己是河裡的淹死鬼,因為屢次享受漁夫的美酒祭奠,故來相見。漁夫沒有因為對方是鬼而感到什麼不適,相反非常高興。六郎告訴漁夫,他之所以打的魚比別人多,全是因為自己的幫忙。

後來少年來辭別,說自己找到了替死者,漁夫因為以後不能再相見很傷心。酒桌上,漁人斟滿一杯酒遞給王六郎,說:「六郎,請滿飲此杯,不要過於傷心。相識不久就要分離確實讓人感到難過,但你的罪孽滿了,可以投胎轉世重新做人了,這是值得慶賀的事情,我們應該感到高興。」於是兩人開懷暢飲。六郎將替代自己的人是誰告訴了漁夫。

第二天,漁夫果然看到一對母子在水裡掙扎,想去救,又想到是替代自己朋友六郎的,就狠下心離開了。但那一對母子在水中掙扎了一會兒,居然平安上岸了,漁夫感到很奇怪。後來王六郎告訴漁夫,因為自己不忍心以母子二人的性命來換取自己轉世,就放過了她們。漁夫說:「賢弟如此善良,必有好報。」後來,六郎因為心地良善,被天帝任命為招遠土地。六郎在夢中告訴漁夫說,如不忘舊交,可往招遠一行。

漁人立即就準備動身去招遠縣。他的妻子笑著勸阻他,一則因為路途遙遠,二則人神之間恐怕難以溝通。漁人對妻子的話置若罔聞,執意要去見自己的老朋友。經過長途跋涉,漁人來到了招遠六郎的土地廟,禱告說:「自從你離開後,我每晚

都可以夢到你。我這次應約而來，又承蒙你讓此地的百姓招待我，我由衷地感謝你。慚愧的是我沒有什麼貴重的東西送給老友，只有薄酒一杯，你如果不嫌棄的話，就像以前在河邊與我痛飲時一樣喝乾吧！」禱告完後，漁人又焚化了紙錢。突然神座前起了一陣旋風，過了好久才平息下來，漁人知道自己的老朋友來看自己了。

王六郎是溺死鬼的時候，漁人沒有因為他是異類而害怕，兩人因為酒結成好友，王六郎成神後，也沒有因自己地位的變化瞧不起老友，照樣像以前一樣享用了老友帶來的美酒。這種不因身分地位而改變的友情是十分難得的，看看今天的一些親兄弟因為一些雞毛蒜皮的小事而鬧矛盾，《聊齋志異》中描寫的這種人鬼之間的真摯友情怎能不讓人感慨系之。

陰陽知己

〈陸判〉講了陰間判官陸判與陽間書生朱爾旦的友情故事。這篇小說不僅歌頌了人鬼之間真摯的友情，同時譴責了不合理的科舉制度，是《聊齋志異》中的名篇佳作。

朱爾旦，字小明，是一個書生，性情豪放，但天資卻極魯鈍。一天他與一幫文友在一起喝酒，一個人戲弄他說：「平時大家都說你膽子比別人大，你如果敢半夜去十王殿裡把東廊下的判官背來，這才說明你確實膽大，我們大家就做東請你喝酒。」

原來當地有個十王殿，裡面有許多用木頭雕刻成的栩栩如生的神像，東廊下有個兩眼是綠色、鬍子是紅色的判官，面目非常猙獰。有時候人們還能聽到殿裡面傳出拷打人的聲音，嚇得周圍人都不敢接近。眾人故意出這麼個難題難為他，好讓朱爾旦出洋相。

朱爾旦什麼都沒有說，笑著出去了。過了很長一段時間，大家聽到門外有人大聲地喊：「我把髯宗師請來了。」朱爾旦居然真的背著判官進來了，他將判官像放到桌子上，往地下灑了三杯酒作為祭奠。學友們見了恐懼異常，都讓他快些背走。朱爾旦又在地上灑了一杯酒，禱祝說：「學生狂傲無禮，希望大人不要見怪。我的寒舍距此不遠，有空請過來喝酒，一定不要客氣啊！」說完，他又將神像背走了。

第二天，朋友們果然做東請他喝酒了。晚上，朱爾旦半醉半醒地回到了家，覺得喝得還不盡興，又點起燈自斟自酌起來。忽然陸判官揭開簾子走了進來，朱爾旦見狀大驚失色，以為判官是來治罪的，自己肯定死定了。陸判官微笑著說：「錯了，昨天蒙你所邀，訂約喝酒，我今天正好有空就過來了。」朱爾旦高興異常，拉著判官的衣袖請他坐下，親自洗刷器具，溫上了酒。判官提議，天氣熱喝涼的就可以了，朱爾旦聽從了。

朱爾旦將酒瓶放在桌上，讓家人準備下酒菜。妻子聽了大為驚慌，勸他不要去喝酒，他根本不聽。兩人相互敬酒，判官

告訴朱生自己姓陸，沒有名字。兩人開懷暢飲，都有相見恨晚的感覺。陸判的酒量十分驚人，一次就可以喝十杯。朱爾旦因為白天在文友的酒會上已經喝了不少，一會兒就醉倒在桌上。等他醒來，客人卻早已不見。

長此以往，兩人越發親近，成了非常好的朋友。陸判官也為朱爾旦換了個聰明的心，讓他中了舉；還為朱爾旦的妻子換了個美人頭。在好友陸判的幫助下，朱爾旦過上了幸福的生活。朱爾旦死後，陸判官還在陰司為自己的朋友謀了個官職。

酒肉朋友，這是一個不好的稱呼，這個詞常用來指只能吃吃喝喝相互利用的朋友。朱爾旦和陸判從形式上而言也可以說是酒肉朋友，但他們的友情卻是真誠的。讀了這篇故事，使人不僅豔羨朱爾旦的奇遇，更羨慕他們這段誠摯的友情。

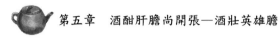

第五章　酒酣肝膽尚開張—酒壯英雄膽

第六章　紅妝翠袖且斟酌

　　　　　　—— 多情美人酒

第一節　文君當壚

卓文君與司馬相如的愛情故事家喻戶曉，故事中必不可少的情節是文君賣酒，這是他們愛情的契機，也是他們命運的轉折點。

司馬相如，字長卿，蜀郡成都（今四川成都人），是西漢著名的辭賦家，代表作有〈子虛賦〉、〈上林賦〉、〈長門賦〉、〈大人賦〉等。一次，司馬相如返鄉的時候路過臨邛（今四川邛崍），在那裡結識了商人卓王孫。卓王孫在四川經營煉鐵生意。中國在漢代早已進入鐵器時代，那時戰爭頻繁，鐵的需求量很大，卓王孫也因此成了富甲一方的大富翁。卓王孫的女兒文君是個出名的美女，書中形容她的美貌說：「眉色遠望如山，臉際常若芙蓉，皮膚柔滑如脂」，我們可以想像她是多麼的美了。卓文君文采非凡且特別擅長彈琴，不僅是美女，更是才女。她本來已經許配給了人家，不幸尚未成婚，丈夫就短命而亡，之後卓文君一直在家守寡。

卓王孫有一個老朋友叫王吉，有一天他舉行酒宴宴請老朋友，司馬相如也在被邀請之列。其時相如之名早已遠播蜀川，此次酒宴上他自然也就成了大家敬仰的貴賓。文君也久聞相如大名，從簾間私窺。此情此景早已被相如看在眼裡，他早就聽說文君不僅貌美如花而且多才多藝，此次一見才知遠勝傳聞。於是在酒宴上彈奏了一首琴曲〈鳳求凰〉。這首琴曲本是求愛之

曲，加上相如琴技高妙，對文君的愛慕之情表達得更是淋漓盡致。文君何其聰明，加上她本來就擅長彈琴，相如的弦外之音她一聽就明白了。在美妙的琴聲中，兩個人雖然未正式相見，兩顆心卻相撞在一起了，迸出了愛情的火花。

　　此後，相如多次託人溝通文君的侍妾，轉達自己的心意。文君也向相如表達了自己的愛慕之情。結果沒有不透風的牆，二人私自交往的消息傳到了卓王孫耳朵裡。當時相如雖然有才，卻並無功名，卓王孫自然極力反對。但是愛情的種子只要種下，是任何人都阻擋不了的。兩個人終於私奔，回了相如的故鄉蜀郡成都。相如本就出身清寒，文君私奔，自然不會有什麼嫁妝，兩人在成都的日子過得非常艱苦。日子窮了，心情自然不好，人就容易借酒澆愁。可是這澆愁之酒也需要錢才能買到。為了喝酒，司馬相如就拿自己的鷫鸘裘（一種名貴的皮襖）到酒肆中換酒，回家與卓文君對飲。酒飲罷，卓文君抱著司馬相如的脖子哭了起來，她邊哭邊說：「我出生於富裕之家，想不到竟會淪落到用身上的衣服換酒喝的地步！」

　　妻子傷心，司馬相如的心裡也難過。他們決定從酒上想辦法，改善生活境況。一番籌劃之後，夫妻二人在成都開了家酒肆。沒有錢請夥計，相如就穿著下等人穿的衣褲在店中洗刷酒器，卓文君則在櫃臺上為客人打酒。成都是川中的大都市，二人又是成都名人，文君賣酒的事情一時間成了頭號新聞，很快就傳到了卓王孫耳朵裡。卓王孫經常聽到別人議論自己的女兒

如何在成都當壚賣酒，也覺得太有失自己富豪的體面。於是就為文君夫婦送去了許多錢物，文君夫婦也一夜之間成了富人。

可見，愛情不是富貴之人俯拾即是的特權，更不是貧賤之人遙不可及的月亮。只要有真情在，當壚賣酒一樣可以**轟轟**烈烈。

其實話又說回來，並不是只有**轟轟**烈烈的愛情才值得追求，夫妻間舉手投足的關愛一樣彌足珍貴。就像不是只有醇酒才是好酒，薄醴也一樣可以讓人沉醉一樣 —— 許多被傳為佳話的夫妻相敬相愛的故事，正是發生在那一杯一盞之間。

伉儷敵手

「紅袖添香夜讀書」這是許多男人的夢想，其實能夠與自己心愛的人一起品酒，也是別有一番風味。

魏晉南北朝時期，世人多放浪不拘禮節，飲酒節制之禮也被拋到九霄雲外，因此出現了許多酒壇高手，如嵇康、阮籍、劉伶等。女子也不甘示弱，當時還出現了許多善飲的女子，沈文季的妻子就是很著名的一位。

沈文季（西元四四二至四九九年），字仲達，南朝宋時，封山陰縣五等伯，做到中書郎的官職。有一則史料記載了他與妻子一起喝酒的故事，很有意思。

宋沈文季為吳興太守，飲酒五斗，妻王氏亦飲酒一斗，竟日對飲，視事不廢。

這位沈先生的酒量驚人，可以飲酒五斗；他的妻子也不甘落後，飲酒一斗。最有意思的是夫妻兩個經常天天在一起喝酒，喝酒也就罷了，正經事居然一點也沒有耽誤。其實夫妻對酒，飲的不僅是情投，更是意合 —— 丈夫蔑視禮法，妻子不拘小節，夫妻間的知己遇合，比起同性間的惺惺相惜來，顯得就更加珍貴了。

老妻洗盞

　　蘇軾（西元一〇三七至一一〇一年），字子瞻，又字和仲，號東坡居士，眉州眉山（今屬四川）人，是中國歷史上有名的文學家、書畫家，與其父蘇洵、其弟蘇轍並稱為「三蘇」。

　　蘇軾是歷代文人中少有的通才 —— 詩、文、詞、書、畫等各方面均十分精通。唯獨不善飲酒，據他自己說，他早年只要看到別人飲酒，自己都能醉倒；後來儘管經過刻意地鍛鍊，還是只能喝到三蕉葉（他的朋友補充說，蘇軾這是在說醉話，其實他只喝到兩蕉葉多就醉了）。他自己也認為在下棋、喝酒、唱曲這三個方面不如別人。

　　酒量不大，並不代表著不愛酒、不懂酒，相反蘇東坡對酒有自己獨到的理解。他在《書東皋子傳後》中說：

　　余飲酒終日，不過五合，天下之不能飲，無在余下者。然喜人飲酒，見客舉杯徐引，則余胸中為之浩浩焉，落落焉，

酣適之味乃過於客，客至未嘗不置酒，天下之好飲，亦無在余上者。

　　這段話可以說表達了蘇軾的飲酒觀，這種飲酒觀中透露出的是蘇軾達觀的人生態度。蘇軾非常愛喝酒，但酒量卻非常的小，很容易就喝醉了。有時在酒宴上自己不能喝的時候，他也喜歡看朋友們開懷暢飲。他覺得這樣看著朋友興高采烈地喝酒，就像自己喝了酒一樣開懷。

　　蘇軾不僅喜歡喝酒，而且擅長釀酒，他對許多酒的性能有自己獨到的認知，還寫成了《酒經》、《真一酒法》等著作。同時蘇軾還精通醫學，深諳養生之道，並研製出了一系列的解酒方法，還曾成功地治療了自己的弟弟因飲酒過多而引發的肺病。蘇軾還為酒取了個別名，他在〈洞庭春色〉中寫道：「要當立名字，未用問升斗。應呼釣詩鉤，亦號掃愁帚。」以後，文人就用這「釣詩鉤」、「掃愁帚」當作酒的雅稱。

　　蘇軾是一個幸福的男人，因為他有一位支持自己喝酒，有時還可以同自己小酌幾杯的妻子。這位妻子名叫王閏之，是蘇軾的第二任妻子。蘇軾在寫給自己朋友李之儀的一封信中提到「酌酒與婦飲」，可見蘇軾的酒友有時候就是自己的賢內助。蘇軾在一首〈小兒〉詩中提到了對妻子理解自己飲酒的感念之情，詩裡說：

小兒不識愁，起坐牽我衣。我欲嗔小兒，老妻勸兒痴。

還坐愧此言，洗盞當我前。大勝劉伶婦，區區為酒錢。

蘇軾可能因為心情不好，對兒子拉自己的衣服有點惱火。正要斥罵兒子的時候，妻子卻勸他說，兒子還小不懂事。蘇軾聽了妻子的話覺得很羞愧，妻子理解自己的丈夫，知道丈夫心情不好的時候喜歡喝兩杯，就趕緊為丈夫洗刷酒壺、酒杯。蘇軾感慨自己有一個善解人意的妻子，自己過得比魏晉時期的劉伶要幸福多了。原來劉伶也是著名的酒徒，常年杯不離手。他的夫人特別擔心他過量飲酒傷身，經常勸說他少喝。劉伶從來沒有把自己妻子的話當回事，劉夫人無奈只好把酒罈、酒壺等器皿全部打碎了。

　　〈後赤壁賦〉是蘇軾名傳千古的散文佳作。讀過這篇文章的人，往往不僅會佩服東坡的大才，更會感慨東坡夫人的風雅──〈後赤壁賦〉裡寥寥幾句，就足以使她成為史上最有名的酒主婦。原來有一次蘇軾與兩位密友相談，談到高興處，卻發現無酒相伴，大家都覺得心裡不是很自在。蘇軾感慨道：「有客無酒，有酒無肴，月白風清，如此良夜何？」有良朋卻沒有美酒，也沒有下酒的佳餚，豈不是辜負了上天賜予的良辰美景？朋友說，下酒物倒不用擔心，今晚剛好網到了一尾大口細鱗、樣子好像松江鱸魚的魚，可以用這條魚當下酒物，只是哪裡去尋酒呢？蘇軾回到家後向夫人討主意，夫人給了蘇軾一個意外的驚喜：原來她早就為蘇軾藏下了酒，以備蘇軾的不時之需。蘇軾聞聽自然喜不自勝，不僅諸般巧合遂了大家的雅興，更難得的

是自己娶了位善解人意的夫人。就這樣，蘇軾帶著夫人為自己珍藏的美酒，與朋友泛舟來到赤壁下，三人邊喝邊聊，盡興而返。

可以這樣說，〈後赤壁賦〉得以寫成並流傳後世，王夫人有一半的功勞！

金釵換酒

蘇東坡有如此理解自己喝酒的夫人，這個福氣讓許多人羨慕，其中就包括清初的文壇怪傑金聖歎。金聖歎（西元一六〇八至一六六一年），名采，字若采，明亡後改名人瑞，字聖歎，清初著名的文學家、文學批評家。金聖歎也是一個嗜酒之人，廖燕所作的《金聖歎先生傳》中說他「好飲酒，善衡文評書，議論皆發前人所未發」。

金聖歎在批註《西廂記》時，寫下了許多人生不亦快哉的事，其中有兩條是與酒有關的。

冬夜飲酒，轉復寒甚，推窗試看，雪大如手，已積三四寸矣。不亦快哉！

冬夜飲酒，突然覺得寒冷難當。推開窗子一看，原來外面下起了大雪，地上的雪已經積了三四寸厚。一邊飲酒，一邊觀雪，確實令人不亦快哉。因為意料之外的瑞雪，帶來了意外的驚喜。

十年別友，抵暮忽至。開門一揖畢，不及問其船來陸往，並不及命其坐床坐榻，便自疾驅入內，卑辭叩內子：「君豈有斗

酒如東坡婦乎？」內子欣然拔金簪相付。計之可作三日供也。不亦快哉！

「有朋自遠方來，不亦樂乎？」見到久別的朋友自然高興異常，酒徒遇到了好酒的朋友，那種喜悅是無法用言語表達的。金聖歎開門見了老朋友，就隨便作了個揖，也不問朋友是從陸路來的還是從水路來的，也沒來得及請朋友在床上或榻上坐下。他做的第一件事就是快步跑進內室，去見自己的妻子。一見面就問妻子是否像東坡的夫人那樣為丈夫藏下了好酒，妻子自然沒有準備酒，但卻將自己頭上的金簪拔下來交給丈夫，讓他去換酒。估量一下金簪的價值，差不多可以換來三天的美酒。金夫人較之東坡夫人更勝一籌：東坡夫人只不過為自己的丈夫提前準備了酒，她卻毫不猶豫地拔下自己的金簪讓丈夫去換酒。由此可見，這位金夫人也是金聖歎的紅顏知己。

第二節　吳姬壓酒

李白離開南京前往揚州時寫下了一首很有名的〈金陵酒肆留別〉：

風吹柳花滿店香，吳姬壓酒勸客嘗。
金陵子弟來相送，欲行不行各盡觴。
請君試問東流水，別意與之誰短長？

這首詩很好理解，只有「吳姬」需要解釋一下。吳姬指的是吳地的陪酒女。陪酒女郎在中國的起源非常早，早在春秋時期，陳公子結曾就讓婦人陪南宮長萬飲酒，然後「醉而縛之」。這裡面提到的婦人應該是最早的陪酒女。

在古代的酒宴上經常有陪酒女，她們美麗多姿的身影為文人墨客留下了無數的遐想。唐代留下了許多文人召妓女陪酒的資料。這些陪酒妓女有的只唱唱歌，跳跳舞，喝喝酒，她們並不賣身，有的則出賣肉體。無論是哪一種妓女，她們的命運都是很悲慘的。

唐進士鄭愚、劉參、郭保衡、王沖、張道隱，每春選妓三五人，乘犢小車，裸袒園中，叫笑自若，日顛飲。

這種男女混雜、赤身裸體的「顛飲」雖然能夠體現進士們曠達的風度，但是卻很難說有什麼美可言，更談不上對女性的尊重。這個記載告訴我們，在唐代陪酒女是很普遍的一種現象。

大詩人李白也經常召妓女陪酒，他在詩中說：「美酒尊中置千斛，載妓隨波任去留。」

當然，她們是一群不幸的人，她們用自己的歌舞，甚至身體為別人帶來快樂，我們應該為她們的命運灑一把同情之淚。但如果遇上了懂風情、重感情的文人士子，她們的際遇卻又不得不令人欣慰。

戎昱詩傳離情

　　戎昱（西元七四四至八○○年），荊州人，中唐前期比較著名的現實主義詩人。他曾經寫過反映戰爭帶給人民災難的〈苦哉行〉，為人們所熟知。儘管他的名氣在後代並不大，在當時，戎昱卻是著名的才子。才子好風流，因此戎昱也與不少女子結下了情緣，其中就有陪酒女。唐代筆記小說《本事詩》就記載了一個發生在戎昱與陪酒女之間的愛情故事。

　　唐代韓晉公鎮守浙西的時候，戎昱是他帳下的一個刺史。戎昱所管轄的那個郡叫什麼名字已經不得而知了。郡裡有一個酒妓，她歌唱得很好聽，容貌也堪稱傾國傾城。戎昱與這個酒妓的感情很深，兩人常常耳鬢廝磨，一刻也分不開。

　　浙西的一位官員聽說了這位酒妓的盛名之後，為了向韓晉公討好，決定將這位酒妓弄到浙西來。戎昱見是自己的上司要這個酒妓過去，雖然心中一萬個捨不得，但也不敢違背上面的意思。只能在湖上為這位美麗的姑娘舉行了一個餞行酒會。在酒席上，戎昱寫了一首詩送給這位姑娘，並且叮囑她說：「到了浙西那邊，官員讓妳唱歌的話，妳一定要先唱我寫的這首。」

　　到了韓晉公的府邸，韓晉公特地為她舉行了盛大的酒宴。席上，官員們觥籌交錯，喝得非常高興。這時，韓晉公舉著酒杯示意讓酒妓唱首歌，為大家助興。於是酒妓按照戎昱的吩咐，唱了戎昱為她做的那首詩。

一曲終了，韓晉公問她：「戎昱大人很喜愛妳，對妳的感情很深嗎？」酒妓聽後膽顫心驚，知道自己馬上要大禍臨頭，但還是鼓起勇氣，實話實說了。她一邊說戎昱對自己的深情，一邊流眼淚。她知道自己觸犯了權貴很可能性命不保，也就不顧那麼多了，索性說個痛快。韓晉公讓酒妓先退下，等待自己的命令，酒席上的官員都為酒妓的命運感到擔心，因為在浙西，韓晉公可以決定任何人的生死。

　　韓晉公讓人把那個先前將酒妓弄進府的官員叫來，責備道：「戎使君是天下的名士，對這位酒妓的感情非常深，你為什麼要奪人所愛將她弄進府呢？你這是在增加我的罪過啊！」說完後，他讓人把這個官員笞打了一頓。之後命人送給這位酒妓許多絲綢，然後讓她回戎昱身邊去。

　　原來，戎昱給酒妓的詩是這樣寫的：

　　好去春風湖上亭，柳條藤蔓系離情。
　　黃鶯久住渾相識，欲別頻啼四五聲。

　　這首詩沒有直接寫戎昱對酒妓的深情，但其間飽含的深情厚誼，我們還是能從字裡行間讀出來的。柳，是中國古詩中常用的物象，它通常用來代表離別。黃鶯在柳樹上住久了產生了感情，要離開的時候自然非常不捨，所以離開柳樹前發出悲傷的啼叫聲。

　　戎昱不愧是才子，他在詩歌中將自己比作了柳樹，將酒妓

比作了黃鶯，用黃鶯對柳樹的不捨象徵兩個人之間的深情。酒妓自然也是知道詩中意思的，她在酒宴上對百官唱的時候，自然也是飽含深情的。戎昱的這首詩其實是一份問卷，他在問韓晉公是否可以成人之美。韓晉公也不愧能聞絃歌而知雅意，聽出了詩歌中的意思，並很大度地成全了他們。

李紳以德報怨

李紳（西元七七二至八四六年），字公垂，唐代詩人。他的名氣不如李白、杜甫等人大，但他卻留下了一首流傳千古的詩歌〈憫農〉：

> 鋤禾日當午，汗滴禾下土。
> 誰知盤中飧，粒粒皆辛苦。

李紳不僅詩寫得好，而且十分儒雅，在做人、為官各方面都有為人稱道的地方。他後來在仕途上也比較順利，一直官至宰相。位高權重後的李紳闊綽起來，少不了參加各種各樣的酒宴，下面的故事就發生在他的酒宴上：

唐代中後期，朝野黨爭十分厲害。當時勢力最大的兩派，分別是以牛僧孺為首的牛黨和以李德裕為首的李黨。在牛李黨爭中，李紳是李黨裡面的重要人物。當時有個叫張又新的官員，巴結當時的宰相李逢吉，經常與李紳作對。

到了唐文宗的時候，李逢吉在政治上遇到了滑鐵盧，恨失

相位。李德裕取而代之，成了宰相。李紳也大樹底下好乘涼，成了淮南節度使。李逢吉罷官，張又新自然也官位不保。哪知屋漏偏逢連夜雨，一次他回家的路上不幸遭遇風浪翻船，淹死了兩個兒子。這時的他在內心痛苦之餘，更是生怕已經位高權重的李紳落井下石。幸好他知道李紳是個「宰相肚子裡可撐船」的人，於是想得到李紳的庇護，就寫了一封很長的致歉信給他。李紳見信，表示過去兩人之間的不愉快早已成為過往雲煙了，而且對張又新家人的不幸表示同情。張又新非常感動，以前的一切不愉快都煙消雲散了。從此之後，他與李紳成了好朋友。二人常聚在一起歡飲，每次都喝得非常盡興。

張又新以前當廣陵從事的時候認識一個酒妓，兩個人的感情非常好，可惜沒有能夠在一起。二十多年過去了，這個酒妓還在與人陪酒。一次在李紳的酒宴上，張又新見到了這位酒妓。兩人都是心如刀割，用宋人蘇東坡的話說，就是「相顧無言，唯有淚千行」。李紳中途去廁所，張又新用手指蘸酒，在盤子上寫了一首詩，暗示酒妓，酒妓深知他的意思。李紳回來後，發現張又新突然變得悶悶不樂，酒喝得也無精打采。李紳為了讓張又新開心起來，命令酒妓唱首歌助助興。酒妓遵命，就唱起了張又新剛才寫的那首詩：

雲雨風飛二十年，當時求夢不曾眠。
今來頭白重相見，還上襄王玳瑁筵。

這首詩的意思是，我們二十多年沒有見面了，想不到年老頭白的時候，卻還可以在宰相的酒宴上見到你。張又新看到自己情人陪酒的身影，心中鬱悶，很快就喝醉了。李紳是個造詣很深的詩人，他當然看懂了酒妓所唱之詩的意思。於是讓酒妓晚上去見張又新，以成全他們的感情。

　　類似事情還發生在另一位大詩人劉禹錫身上。

　　劉禹錫（西元七七二至八四二年），字夢得，祖籍洛陽，唐朝彭州人。唐代著名詩人，有「詩豪」之稱，曾任太子賓客，世稱「劉賓客」，與柳宗元並稱「劉柳」，與白居易並稱「劉白」。

　　劉禹錫從和州罷官後，被朝廷任命為主客郎中、集賢學士。李紳也正好被罷免了節度使的官職，當時正待在京城。李紳久仰劉禹錫的大名，於是在自己家中擺下了酒宴，請劉禹錫喝酒。兩人都是詩人，同時又都是正直卻被排擠的官員，大有相見恨晚之感，酒喝得十分痛快。兩人正喝到興頭上的時候，李紳讓一位很漂亮的歌姬唱歌助興。歌姬的歌唱得非常動聽，劉禹錫聽得十分陶醉，即興賦詩一首：

　　高髻雲鬟宮樣妝，春風一曲杜韋娘。
　　司空見慣渾閒事，斷盡江南刺史腸。

　　「高髻雲鬟宮樣妝」是說歌姬華麗的穿著，從這句話中我們可以想像出歌姬的美貌。「春風一曲杜韋娘」中的「杜韋娘」不是人的名字而是曲子的名字，歌姬在酒宴上唱的就是杜韋娘曲。

由於歌姬的技藝高超，曲子聽起來猶如春風拂面，使人非常愜意。「司空見慣渾閒事，斷盡江南刺史腸」中的「司空見慣」一詞後來成了一個成語。這裡的「司空」指的是李紳，劉禹錫的意思是，你對這麼美妙的歌曲肯定是熟悉得很了，不再會覺得有什麼新鮮感，我這個江南刺史聽到後還是要斷腸的。言外之意是希望朋友可以將這位色藝雙絕的歌姬割愛贈給自己，作為詩人的李紳當然明白劉禹錫的用意，就將這位歌姬贈給了劉禹錫。

上面提到的是發生在李紳酒宴上的兩個故事，因為李紳的成人之美，我們可以稱之為美談；我們也可以說這是一個悲劇，因為那些酒妓的命運是悲慘的，她們只能在達官貴人的酒宴上迎來送往、追歡賣笑，她們是可以被隨便贈送的禮物。大唐的陪酒女不知道有多少，像這則故事中的陪酒女只是少之又少的幸運兒。

第三節　濃睡不消殘酒

要問中國古代文學史上最偉大的男作家是誰，不同的人肯定會有不同的回答；若問中國古代文學史上最有名的女作家是誰，答案肯定是確定而唯一的，她就是李清照。

李清照（西元一○八四至一一五五年），號易安居士，濟南章丘人，是中國文學史上著名的女詞人。她的作品大部分散佚了，但僅憑留下來的那為數不多的作品，她就可以躋身於一流

文學家的行列。

讀者對李清照的了解更多是她的詞作中透露出的女性的細膩柔媚與深情，其實她身上還有山東女性所特有的豪放一面，她不僅喜歡打馬遊戲（作有〈打馬賦〉），還喜歡飲酒。即使她筆下那些婉約詞中，也多有酒的身影，比如人們耳熟能詳的「濃睡不消殘酒」（〈如夢令·昨夜雨疏風驟〉）、「沉醉不知歸路」（〈如夢令·常記溪亭日暮〉）等。酒在女詞人的筆下成了最神奇的感情催化劑，她因為酒而多情，也因為酒而傷情。這些酒後的幽情與天才詞人悲歡離合的人生經歷交織在了一起，讓李清照的文筆變得空靈起來。

李清照出身名門，父親李格非是一名官員和著名的文學家、藏書愛好者。李清照在父親的嚴格教育和浩如煙海的書籍薰陶下，從小就打下了良好的文學基礎。李清照的少女時期過的是無憂無慮的生活，她很早就與酒結下了不解之緣。可以說，李清照前半生的酒是歡欣酒，是開懷酒。李清照在一首詞牌為〈如夢令〉的詞中記載了自己年少飲酒的經歷，從這首詞中我們可以看到一個天真少女的情懷：

常記溪亭日暮，沉醉不知歸路。興盡晚回舟，誤入藕花深處。爭渡，爭渡，驚起一灘鷗鷺。

詞人與自己的玩伴們在傍晚間飲幾杯，可能是第一次喝酒吧，或者是詞人與夥伴們背著大人偷酒喝吧，她們一會兒就喝

醉了。醉眼蒙矓的少女們走路不穩了，她們喝醉酒走路的樣子好像花兒在風中搖擺，美麗極了，她們忘記了回家的路。時間不早了，大家都已經喝得盡興了。少女們準備划船回家，卻不小心將船划到了濃密的荷花叢中。她們著急了，使勁地划，不料卻驚醒了荷花叢中的水鳥，鳥兒撲騰騰地飛向了天空。

十八歲時，李清照與太學生趙明誠結婚。趙明誠的父親趙挺之是當時朝廷的重臣，與李清照的父親李格非同朝為官。從家庭出身來說，李清照與趙明誠堪稱是門當戶對的神仙眷侶。趙明誠是當時著名的金石學家，李清照結婚後與丈夫一起研究金石字畫，過著美滿幸福的生活。一年的重陽佳節，丈夫不在自己的身邊，李清照十分傷感。重陽佳節是合家團聚的日子，「每逢佳節倍思親」，詞人對丈夫的思念難以言表。李清照將對丈夫的思念之情融入筆端，寫下了著名的〈醉花陰〉：

薄霧濃雲愁永晝，瑞腦銷金獸。佳節又重陽，玉枕紗廚，半夜涼初透。

東籬把酒黃昏後，有暗香盈袖。莫道不消魂，簾卷西風，人比黃花瘦。

天空中薄霧瀰漫，雲層濃密，白天的日子實在是太難熬了。「歡娛嫌夜短，寂寞恨更長」，這是一種相對的心理，詞人嫌白天的日子難熬，是因為心愛的人不在身邊。香料在金獸形狀的香爐中燃盡了，香料散發出的縷縷幽香，正象徵著詞人

對丈夫的縷縷情絲。又到了一年一度的重陽佳節，半夜的涼風將潔白的玉枕、輕薄的紗帳吹得冰冷。詞人想到以前與夫君同榻而眠的快樂時光，怎能不潸然淚下！一個人對著菊花飲酒，菊花淡淡的香氣溢滿了袖子。誰說不傷心斷腸呢？西風吹動珠簾，閨中的詞人比那菊花更加清瘦。

正所謂「幾家歡樂幾家愁」，重陽佳節別人喝的是團聚酒、開心酒，李清照卻喝的是相思的苦酒。全詞雖然只出現了一個「酒」，我們還是可以聞出字裡行間摻雜著詞人傷心淚水的酒氣。世間最難解的就是相思，酒入愁腸愁更愁，相思人的醉又何必在幾斗幾升！

趙明誠接到這首詞後，一方面為妻子對自己的深情感動，另一方面對妻子在詞中表現的才華表現出由衷的敬佩。他突發奇想，想與妻子在文學上一較高下。據《嬾環記》記載，趙明誠苦思三日三夜，寫出了五十首同樣詞牌的詞。他將李清照的這首詞也雜入其間，請自己的朋友陸德夫品評。陸德夫讀過後，覺得只有三句話寫得最好。趙明誠忙問是哪三句，陸德夫輕吟道：「莫道不消魂，簾卷西風，人比黃花瘦。」趙明誠徹底心服口服，最終承認自己在文學上不是妻子的對手。

後來，趙明誠常年在外地做官，李清照將對丈夫的一腔相思都寄寓到文字裡，一篇篇傑作就隨之而誕生了。思念一個人的時候，酒是最好的夥伴，它可以將神經暫時麻痺，將自己的

深情帶到所思所想的人身邊。〈如夢令‧昨夜雨疏風驟〉就是這樣的傑作。

昨夜雨疏風驟，濃睡不消殘酒。試問捲簾人，卻道海棠依舊。知否，知否，應是綠肥紅瘦。

昨晚風颳得很大，雨卻很小。詞人酣睡了一夜，酒的餘醉卻仍然沒有消除。「濃睡不消殘酒」是側面描寫，睡了一夜酒還沒有完全醒，說明飲酒之多、心情之抑鬱。在風雨交加的天氣裡，詞人飲酒的緣故雖然沒有說，但讀者可以猜想，詞人喝的肯定不是開心酒，而是相思酒。詞人在思念自己的親人，一個人自飲自酌，不覺沉醉。早上一覺醒來，詞人問身邊的侍女外邊的海棠花怎麼樣了。侍女說，海棠花和以前沒有什麼區別。詞人不認同侍女的說法，糾正道，經過一夜暴雨洗禮，海棠花應該是綠葉繁茂，花朵凋零。「綠肥紅瘦」形象地寫出了雨後海棠的樣子，是千古名句。這首詞寫出了詞人對花的愛惜之情，其實這裡的海棠花不僅僅是花，它還象徵了作者漸漸逝去的青春和因相思而凋傷的心情。

西元一一二七年，北方女真族攻破汴京，北宋滅亡。李清照夫婦流落江南。在逃難過程中，趙明誠不關心妻子的安危，卻勒令妻子寧失性命、不得失卻藏品。儘管經過李清照的捨命維護，但在天災人禍、小人覬覦之下，夫婦倆多年收集的金石字畫還是喪失殆盡，後來趙明誠死於上任湖州知事途中。這一

切，都給李清照帶來了極大的痛苦。

南宋是一個偏安一隅的小朝廷，朝內的統治者只知道享樂，根本沒有收復故土的雄心壯志，李清照對政府的無能深感傷心，對自己的遭遇也深感絕望。此時李清照的作品除了懷念丈夫趙明誠、懷念他們一去不返的恩愛時光之外，還包括了她對國事的感慨和對朝廷無能的失望。一首詞牌為〈菩薩蠻〉的詞，正是她後期這種心境的反映：

風柔日薄春猶早，夾衫乍著心情好。睡起覺微寒，梅花鬢上殘。

故鄉何處是，忘了除非醉。沉水臥時燒，香消酒未消。

春天剛剛到來，陽光還比較微弱，風已經變得很柔和了，天氣也逐漸地暖和起來。人們脫掉了冬天臃腫的衣服，換上了夾衫，心情也變得開闊起來。春天是一個思睡的季節，詞人醒來後感覺到了絲絲料峭的寒意，鬢髮上插戴的梅花也已經殘落了。

「故鄉何處是」不僅是說故鄉遙遠難歸，這句話更包含了望鄉的動作。不知多少個日夜，詞人無數次地遙望已經落入敵手的故鄉，思念在金人鐵蹄下苦苦掙扎的百姓。「忘了除非醉」平白如話，卻極其疼痛，感人肺腑。詞人的意思是說，落入敵手的故鄉只有在喝醉酒的時候才可以暫時忘卻，這是正話反說，也就是說詞人在清醒的時候無時無刻不在思念自己的故鄉。正

是因為思鄉之情把她折磨得無法忍受，才要借酒澆愁，在醉鄉中將故鄉暫且忘掉。「沉水」是沉香的別名，這是一種名貴的熏香。睡覺時燒的熏香已經燃盡，香氣已經消散，這說明已經過了很長的時間。然而她的酒卻沒有醒，因為她醉得深沉。酒不易醒，說明酒喝得多；酒喝得多，說明心中的苦悶多；心中的苦悶多，說明思鄉之情重。這首詞中的酒始終與思鄉之情緊密連繫起來，酒是幫助詞人暫時忘卻故鄉的工具。可是借酒澆愁愁更愁，越是在酒醉後想刻意地忘掉故鄉，在現實中卻越是忘不掉。

　　李清照寫這首詞時，正是宋金對峙時期。她支持朝廷的抵抗派，迫切地渴望收復失地。這首詞透過對家鄉的刻骨思念，譴責了占領故鄉的金國統治者，同時還包含了對不思收復失地的南宋統治者的失望之情。

　　李清照留下了眾多的與酒相關的名句，如「三杯兩盞淡酒，怎敵他晚來風急」、「常插梅花醉」、「新來瘦，非干病酒，不是悲秋」、「共賞金尊沉綠蟻，莫辭醉，此花不與群花比」等。酒，既是她一生的密友，又為她筆下的清詞麗句平添了幾分醉意，令人千載之下，回味不已。

第四節 醉臥芍藥茵

《紅樓夢》是中國古代文學性與藝術性最強的小說，是中國文學史上的瑰寶。由於它藝術水平的高超，《紅樓夢》寫出後不久就深受當時讀者的喜愛，早在清代就流傳著「開口不談《紅樓夢》，讀盡詩書亦枉然」的說法，可見此書的影響之深。不久之後，一門專門研究它的學問 —— 紅學也隨之產生了。魯迅先生對《紅樓夢》的經典評價是：「自《紅樓夢》出來後，傳統的思想和寫法都被打破了。」

《紅樓夢》的作者曹雪芹，本身就是個愛酒的人。敦誠贈給曹雪芹的詩中有「舉家食粥酒常賒」的句子，可見曹雪芹即使窮到只能舉家喝粥的地步，也難以割捨杯中物。敦敏在《贈曹雪芹》中提到「賣畫錢來付酒家」，說曹雪芹窮困潦倒到賣畫為生的地步，仍然要去喝酒。

曹雪芹不僅好酒，還尤其擅長酒後作畫。乾隆二十五年（西元一七六○年），曹雪芹為其摯友方承觀在酒店接風。二人酒酣耳熱後，書畫興致勃然而發。只見他取來筆墨，潑墨揮毫，頃刻之間，一幅妙筆丹青就在他筆下誕生了。曹雪芹到北京的西郊山村安家後，生活更加的窘迫，但他愛酒的習慣一點都沒有改變，有時喝到興頭上甚至可以不吃飯。他家貧常賒酒，等酒債攢夠一定數量，就作幾幅畫賣掉償還了。他的好友裕瑞在《刺

215

窗閒筆》中記載了關於曹雪芹的這樣一件趣事：

其嘗做戲語云：若有人欲快睹我書不難，唯日以南酒燒鴨享我，我即為之作書雲。

曹雪芹曾戲言說，想要我的書法作品一點都不難，只要有人用南酒燒鴨來犒勞我，我就為他創作。曹雪芹的愛酒，由此可見一斑。

了解了曹雪芹的嗜好，我們就更好理解《紅樓夢》中為什麼會出現那麼多的飲酒場面了。《紅樓夢》中寫了許多與酒有關的故事，讀者印象最深刻的可能是焦大的醉罵，其實《紅樓夢》講得更多的是林黛玉、薛寶釵、史湘雲等紅樓女兒與酒的故事。也正是透過不同人喝酒的不同表現，曹雪芹刻畫出了風姿各異的紅樓女兒，為中國文學史的畫廊留下了眾多的經典人物形象。

林黛玉的含酸酒

林黛玉的前世是青埂峰下的絳珠仙子，今生是「心較比干多一竅，病似西子勝三分」的林妹妹。她沒有任何的心機，單純而且專情，心中裝著的只有寶玉，而且絲毫不掩飾自己的情感，是最真、最善、最美的人物形象，在她身上寄託了曹雪芹的美好理想。

賈寶玉是在夢中喝了警幻仙子的仙酒後遊太虛幻境的，在那裡看見了林妹妹的判詞，只是他不知道判詞的主人是前世今

生都與自己息息相關的姑娘。林黛玉心中只有一個賈寶玉，寶玉身邊卻有好多漂亮的女孩子，不僅有薛寶釵、史湘雲這樣的親戚，還有晴雯、襲人等俏丫鬟。因此，林妹妹是免不了吃醋的。她的第一次吃醋就是透過酒發洩出來的。

原來賈寶玉去梨香院看望薛寶釵，在那裡待了好長時間。林黛玉不放心，也跟了過來。賈寶玉誇獎以前在賈珍府裡吃過的鵝掌鴨信，正好薛姨媽那兒也有，就拿出來吃。寶玉又說，鵝掌鴨信必須就酒才好吃。於是薛姨媽讓人端上最上等的酒來。寶玉的奶媽為寶玉的身體著想，不讓他吃酒。寶玉保證只吃一盅，薛姨媽又一再讓寶玉的奶媽放心，奶媽這才不說什麼了。寶玉要吃冷酒，薛姨媽不同意，因為吃了冷酒後手容易打顫，字也就寫得不好看了。這時，《紅樓夢》中的薛寶釵說出了一番酒不能冷飲的大道理，這番道理現在看來也還是很有說服力的：

寶兄弟，虧你每日家雜學旁收的，難道就不知道酒性最熱，若熱吃下去，發散的就快；若冷吃下去，便凝結在內，以五臟去暖它，豈不受害？從此還不快不要吃那冷的了。

這番道理自然令寶玉心悅誠服，只好讓人暖了酒再吃。林黛玉看到寶釵這樣關心寶玉，心裡很不是滋味。只見她嗑著瓜子，抿著嘴笑。這笑可是含酸的笑，吃醋的笑。原來她正在想辦法嘲諷一下寶玉。

恰在這時，黛玉的丫鬟紫鵑怕黛玉冷，讓雪雁來給黛玉送小手爐，黛玉笑著對雪雁說，難為她費心，哪裡就會冷死我呢！這是在指桑罵槐，黛玉不是責怪紫鵑對自己的關心，她是受不了寶釵關心寶玉。

　　雪雁當然不明白黛玉的言外之意，解釋道，是因為紫鵑怕黛玉冷，這才送來的。黛玉將手爐抱在懷中，笑著說，她說的話這麼管用，我說的妳卻當成耳旁風，她的話比聖旨還靈啊！寶玉、寶釵都是聰明絕頂之人，自然知道黛玉的言外之意，當時只有雪雁是糊塗的，不明白林姑娘為什麼會責備自己。

　　書中雖然沒有寫黛玉是否也喝了酒，但她的的確確吃了一肚子酸酒。這時她和寶玉的感情還沒有發展到愛情，但卻也已經是情有獨鍾了。

　　在這之後，面對「愛博而心勞」的寶玉，林妹妹的酸酒也是一吃再吃。可以說，她的一生不僅是詩意的一生，浪漫的一生，也是酸酸的一生。

湘雲醉臥芍藥茵

　　曾有這樣一個調查：老師問班上的男生將來願意娶《紅樓夢》中的哪位姑娘做妻子，出乎意料的是，絕大部分的男生都將票投給了史湘雲。老師問他們選湘雲的理由，有的男生的回答特別有意思 —— 因為史湘雲這種女孩可以與自己一起喝啤酒。

史湘雲是個非常男孩子氣的女孩。女孩們一起喝酒，黛玉可能是小口地抿著喝，寶釵可能是安靜地端著酒杯。如果有一個女孩子在大叫著與寶玉划拳，那這個女孩肯定是史湘雲。

一次聚會的時候，湘雲一邊吃燒烤鹿肉一邊喝酒，大快朵頤，十分享受。林妹妹是不會吃那種半生不熟的烤鹿肉的，她說了句刻薄話刺了下湘雲。史湘雲反駁說，林黛玉那樣是矯情，自己才是「唯大英雄能本色，是真名士自風流」。

史湘雲對林黛玉的評價對不對姑且不論，她對自己的評價是十分準確的。史湘雲是《紅樓夢》中有著魏晉名士風度的女孩，她是千百年前阮籍、嵇康、劉伶等人的知己。她喝的酒是名士酒、是風流酒。

賈寶玉、薛寶琴、平兒的生日恰好在一天，這是三喜盈門的好日子，大家自然要好好慶祝下。一幫年輕人，無拘無束，喝得非常高興。

既是喝酒，自然要行酒令。他們行的酒令花色十分繁多，不能一一盡說。大家抓鬮決定要行什麼酒令，香菱在紙上寫好後，搓成鬮，扔到一個瓶子中間。探春讓平兒抓，平兒用筷子拈出了一個，紙條上寫著是「射覆」兩個字。襲人拈了一個鬮，是划拳。史湘雲覺得射覆悶人，划拳正好對她的口味，她想划拳。

探春因史湘雲不按抓的鬮來行令，讓寶釵罰史湘雲酒。寶

釵不容分說就灌了史湘雲一大杯酒。大家射覆的時候，香菱反應比較慢，猜不著，大家又都在擊鼓催她，提醒她時間快到了。

史湘雲這時候想拔刀相助，便悄悄地拉了下香菱，想要告訴她答案。眼尖的林妹妹發現了湘雲的小動作，喊了出來。大家一下子都知道了，史湘雲又被灌了一杯酒。香菱因為作弊，也被罰了一杯酒。

湘雲特別喜歡划拳，早和寶玉大叫起來，划起了拳。尤氏與鴛鴦一對，平兒與襲人一對，划了起來，叮叮噹噹地只聽得手腕上的鐲子響。這三對交戰的結果是，寶玉、襲人、尤氏贏了。

行過幾輪的酒令後，湘雲興致大發，她喝了一杯酒，吃了一塊鴨肉下酒，看到碗內有半個鴨頭，於是拿了出來吃腦子。這麼豪放的舉動，賈寶玉做不出，林黛玉、薛寶釵也做不出，史湘雲此舉很有梁山好漢「大碗喝酒，大塊吃肉」的風度。

湘雲在行令時屢屢犯錯，被罰了許多杯酒。平時賈母、王夫人在家的時候大家還不敢這麼放肆，現在沒有了約束，這幫年輕人觥籌交錯，恣意歡謔。

玩了一會兒，大家發現席上不見了湘雲，都以為她一會兒自己就會回來，也就沒怎麼在意。哪裡知道越等越沒有了動靜，就派人各處去找，一時還找不到。

這時一個丫頭進來報告說，發現了史湘雲，她吃醉了酒圖

涼快，躺在假山後面的一塊青石板上睡著了。

曹雪芹用細膩的筆觸描寫了史湘雲「醉臥芍藥茵」的美麗畫面，那種別樣的美是難以言說的：

說著，都走來看時，果見湘雲臥於山石僻處一個石凳子上，已經香夢沉酣，四面芍藥花飛了一身，滿頭臉衣襟上皆是紅香散亂，手中的扇子在地下，也半被落花埋了，一群蜂蝶鬧嚷嚷地圍著她，又用鮫帕包了一包芍藥花瓣枕著。眾人看了，又是愛，又是笑，忙上來推喚挽扶。

在睡夢中，史湘雲也沒有忘記酒，大家喚她的時候，她還在半醒不醒的狀態中完成了酒席上沒有行的酒令。眾人讓她快醒醒酒吃飯去，怕她在潮濕的石凳子上睡出病來。史湘雲慢慢地睜開了眼睛，看見大家都圍著她看，又低下頭看了看自己身上的花瓣，才知道自己喝醉了。

史湘雲的這一醉，醉出了別樣的女兒之美：鮮豔的芍藥花映紅了湘雲的臉頰，湘雲身上的酒香使芍藥花變得更加嬌豔欲滴。

湘雲醉臥芍藥茵與黛玉葬花、寶釵撲蝶、晴雯撕扇等段落一樣，都是《紅樓夢》中最受讀者青睞的章節，它們是曹雪芹的得意之文。

從此，芍藥花與史湘雲的名字緊緊連在了一起。提起菊花，人們就會想起「採菊東籬下，悠然見南山」的陶淵明；提起梅

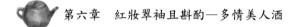

花，人們就會想起宋代「梅妻鶴子」的林和靖；提起芍藥花，那就肯定非「醉臥芍藥茵」的史湘雲莫屬了。

參考書目

1. 朱世英著：《中國酒文化辭典》，西元一九〇〇年。

2. 黎瑩著：《中國酒文化和中國名酒》，西元一九八九年。

3. 楊勇、陽淑媛編著：《酒與酒文化》，西元二〇一二年。

4. 翟文良著：《中國酒典：品味中國酒文化》，西元二〇一一年。

5. 段振離著：《紅樓品酒：〈紅樓夢〉中的酒文化與養生》，西元二〇一一年。

6. 胡小偉著：《中國酒文化》，西元二〇一一年。

7. 唐康編著：《華夏酒文化》，西元二〇一〇年。

8. 王少良著：《中國古代酒文化通覽》，西元二〇一〇年。

9. 周衛東編著：《中國酒文化大典》，西元二〇一〇年。

10. 王守國著：《酒文化與藝術精神》，西元二〇〇六年。

電子書購買　爽讀 APP

國家圖書館出版品預行編目資料

酒文化探源，從神話傳說到酒器藝術：歷史上酒與人、酒與武俠、酒與愛情的糾葛 / 過常寶著 . -- 第一版 . -- 臺北市：崧燁文化事業有限公司 , 2024.03

面；　公分

POD 版

ISBN 978-626-394-048-2(平裝)

1.CST: 酒 2.CST: 歷史 3.CST: 飲食風俗 4.CST: 中國文化

538.74　　113001741

酒文化探源，從神話傳說到酒器藝術：歷史上酒與人、酒與武俠、酒與愛情的糾葛

臉書

作　者：過常寶

發 行 人：黃振庭

出 版 者：崧燁文化事業有限公司

發 行 者：崧燁文化事業有限公司

E - m a i l：sonbookservice@gmail.com

粉 絲 頁：https://www.facebook.com/sonbookss/

網　　址：https://sonbook.net/

地　　址：台北市中正區重慶南路一段六十一號八樓 815 室

Rm. 815, 8F., No.61, Sec. 1, Chongqing S. Rd., Zhongzheng Dist., Taipei City 100, Taiwan

電　　話：(02) 2370-3310　　傳　　真：(02) 2388-1990

印　　刷：京峯數位服務有限公司

律師顧問：廣華律師事務所 張珮琦律師

定　　價：299 元

發行日期：2024 年 03 月第一版

◎本書以 POD 印製

Design Assets from Freepik.com